Dr. Roland Ottmann

Der nackte ProjektManager

Dr. Roland Ottmann

Der nackte ProjektManager

Ein Buch, wie es das Leben schreibt

4. Auflage 2015, Nürnberg (Deutschland)

Copyright © Ottmann & Partner GmbH Management Consulting
Bahnhofstraße 9, 90552 Röthenbach / Nürnberg

Telefon: 0911 / 570 00 04
Telefax: 0911 / 570 76 95
E-Mail: info@ottmann.de
Web: www.ottmann.de

Projektleitung, Autor: Dr. Roland Ottmann, MBA
Gestaltung: wildweiss GmbH - Agentur für Design und Medien
Redaktion und Herausgeber: Ottmann & Partner GmbH Management Consulting
Illustration: Tobias Dahmen, Düsseldorf

Printed in Germany

ISBN 978-3-941739-11-6

Über den Autor

Roland Ottmann hat Maschinenbau, Betriebswirtschaft und Management studiert und u. a. die Grade Master of Business Administration (MBA) in Henley on Thames (UK) und Doctor of Philosophy (Ph.D.) in Lille/Paris (Frankreich) erlangt.

Seit 1985 arbeitet er als Projektleiter, Berater, Coach und Trainer im Projektmanagement. Seit 1993 ist er u.a. zertifizierter Projektmanagement-Trainer und seit 1995 zertifizierter Senior Projektmanager.

1992 gründete Roland Ottmann die Ottmann & Partner GmbH Management Consulting. Er war von 1994 bis 1998 Vorstand des Fachverbands Projektmanagement im Bundesverband Deutscher Unternehmensberater, mehrere Jahre Repräsentant für Deutschland und Delegierter im Council of Delegates der IPMA International Project Management Association und Officer im Executive Board sowie Vice President der IPMA.

Von 1996 bis 2002 war Roland Ottmann Vorstandsmitglied bei der GPM Deutsche Gesellschaft für Projektmanagement, von 2002 bis 2006 deren Vorstandsvorsitzender. Er war Initiator und Projektleiter des Deutschen und des Internationalen PM Awards und des Bewertungsmodells Project Excellence, Trainer für PM Award-Assessoren und von 1997 bis 2006 Mitglied der PM Award-Jury. Im Jahr 2015 wurde er als Delegierter in die GPM-Delegiertenversammlung gewählt.

Seit 2013 gehört Roland Ottmann dem Vorstand der IAPM International Association of Project Managers an und seit 2015 ist er Vice President der IAPM.

Inhalt

8

Der nackte ProjektManager

Das 1001. Buch zum Thema Projektmanagement

Was bewegt mich eigentlich, das 1001. Buch zum Thema Projektmanagement zu schreiben? Nun, einiges! Seit über 25 Jahren befasse ich mich mit Projekt- und Programmleitung, mit PM-Training und PM-Coaching. Dabei stelle ich besonders bei der Vorbereitung von ProjektManagern auf die Zertifizierung fest, dass es vielen ProjektManagern an der Zeit fehlt, sich Unmengen an Lesestoff anzueignen, um sich erfolgreich zertifizieren zu lassen. Mit diesem Buch möchte ich den Zertifikanten helfen, »geschmeidig« durch die Zertifizierung und vor allen Dingen erfolgreich durch die Höhen und Tiefen der Projektarbeit zu kommen.

Mein Hauptaugenmerk wird nicht auf der Darstellung mathematischer Sachverhalte liegen, keine Angst! Nein, ich möchte Ihnen die Angst vor dem schönsten Beruf nehmen, den es meines Erachtens gibt. Gleichzeitig möchte ich die Werkzeuge des Projektmanagements so anschaulich wie möglich darstellen, die aus meiner Sicht wirklich problematischen Klippen der Projektarbeit aufzeigen und Ansätze erklären, wie man sie umschiffen kann. Ich möchte das Thema nicht wie in einem Sachbuch abhandeln. Davon gibt es bereits sehr viele und auch sehr, sehr gute. Ich werde Geschichten aus dem Leben erzählen, Geschichten, wie sie sich zugetragen haben.

Den Personen habe ich aber neue Namen gegeben und die Umgebung, in der sie agieren, verändert. Projekte und Firmen habe ich in eine durchgängige Geschichte eingebaut, damit kann nicht mehr auf die realen Gegebenheiten geschlossen werden. Diese Geschichte soll Ihnen helfen, Methoden und Werkzeuge zu verinnerlichen sowie Probleme und Herausforderungen der Projektarbeit zu erfassen. Zudem möchte ich begreif- und anwendbare Lösungsansätze bieten.

Ich binde Comics, quasi als statische Filme, und Checklisten zur Erleichterung der Projektarbeit ein.

Meine Ziele für dieses Buch sind damit klar umrissen: die Projektarbeit wird verbessert und die Projekte werden erfolgreicher. Damit wird die Arbeit für den ProjektManager erleichtert und die Vorbereitung auf die Prüfung zum zertifizierten ProjektManager läuft stressfreier ab.

Dem methodischen Bereich der Projektarbeit, hier insbesondere der Darstellung der Planungswerkzeuge, gebe ich einen breiten Raum. Aus meiner Erfahrung lassen sich viele Probleme auch im zwischenmenschlichen Bereich gut meistern, wenn man den Methodenansatz richtig wählt und die Werkzeuge sauber einsetzt. Außerdem bekommen wir damit die Möglichkeit, kritische Sachverhalte frühzeitig zu erkennen. Menschliche Aspekte der Projektarbeit spielen für mich ebenfalls eine große Rolle. Es gilt, bestimmte Themen zu beleuchten und auch hier pragmatische Lösungen zu bieten, um als ProjektManager nicht in eine ausweglose Situation zu geraten.

Ich habe dieses Buch nicht wissenschaftlich aufgebaut, somit auch keine Fußnoten eingebracht. An das Ende des Buches habe ich eine Literaturliste gestellt, um dem interessierten ProjektManager weitere Hirnnahrung zu geben. Viele der dort gelisteten Bücher mögen auf den ersten Blick nichts mit Projektmanagement zu tun haben. Wer jedoch mit offenen Augen und wachem Verstand liest, wird viele wertvolle Hilfestellungen erhalten, um sich als ProjektManager weiter zu qualifizieren, Spaß bei der Arbeit zu haben und mit der notwendigen Portion Glück (das bekanntlich immer nur mit dem Tüchtigen ist) auch eine erfolgreiche Arbeit im Projekt zu gewährleisten.

In einem eigenen Teil wende ich mich der Qualifizierung und Zertifizierung zu. Seit mehr als 20 Jahren erhält Ottmann & Partner GmbH Management Consulting beste Rückmeldungen auf die Gestaltung der Seminare, Workshops und Trainings.
Nicht zuletzt: Unsere Zertifizierungsrunden sind extrem erfolg-

reich! Wie Sie davon profitieren können, wie Sie zur Zertifizierung zugelassen werden und diese auch erfolgreich bestehen können, werden Sie hier erfahren.

Schmunzeln Sie, wenn Ihnen etwas bekannt vorkommt, brechen Sie aber bitte nicht den Stab über die Menschen, die ich mit all ihren Begrenzungen und Eigenheiten in die Geschichte eingebaut habe. In natura sind es ganz normale Menschen mit Schwächen, aber auch Stärken!

Mein Tipp: Machen Sie es nach dem Lesen dieses Buches bei Ihrem nächsten Projekt besser, Sie wissen dann, wie es geht!

Ich möchte Ihnen die Kraft geben und die Kompetenz verleihen, Ihr Wissen auch anzuwenden. Das Beste, was Ihnen passieren kann, wäre, dass Sie ein negatives Beispiel in Ihrer Truhe erlebter Situationen aufbewahren und zum Lernen aus der Praxis nutzen können.
Wir Menschen dürfen Fehler machen und müssen nicht perfekt sein. Dennoch ist es sinnvoll, auf Korrekturvorschläge anderer zu hören. Nach einer Bedenk- und Lehrzeit können wir das Neuerlernte umsetzen und einen kleinen Tick besser werden.

Ihr Roland Ottmann

Der nackte ProjektManager

Das müssen Sie als Projektleiter unbedingt machen!

Ich war als Kurzer von etwa drei Jahren zu Besuch bei meiner Oma. Ich liebte es, bei ihr in der Küche zu sitzen und ihre Geschichten zu hören. Außerdem gab es einen wunderbaren Gegenstand in dieser Küche, einen Gegenstand, der mich magisch anzog. Es war der Küchenherd! Besonders interessant fand ich die Wärme und das Knistern, wenn er angeschürt war.

Dann kam für mich ein unwiderstehlicher Moment. Die Herdplatte glühte und meine Oma warnte mich eindringlich davor, nein, sie verbot mir, die heiße Herdplatte anzufassen! Das Verbot war noch nicht richtig ausgesprochen und ja, Sie vermuten richtig, als meine Oma für einen Moment die Küche verlassen hatte, zog ich es durch. Gut, im ersten Augenblick geschieht auf der Empfindungsebene nicht viel. Ehrlich gesagt fühlt es sich an wie der Griff auf jede andere, aber kalte Herdplatte. Doch dann kam der zweite Augenblick, und ab da wusste ich, wie sich Verbrennungen anfühlen. Kaltes Wasser und Erstversorgung, Arzt und Krankenhaus, das gesamte Programm lief nun ab. Dann kam auch noch die Nacht danach, aber darüber möchte ich nicht mehr sprechen, denn das tut mir heute noch weh.

Erschreckend viele Menschen können ähnliche Geschichten erzählen. Leidensgenossen, die ebenfalls unbedingt etwas austesten mussten, koste es, was es wolle. Das finde ich nun doch sehr faszinierend.

Etwa zur gleichen Zeit ging ich einmal mit meinem Vater im Wald spazieren. Als wir an einen zugefrorenen Weiher kamen und Enten über das Eis schlittern sahen, wollte ich unbedingt auch auf das Eis. Mein Vater stoppte mich und erklärte mir, dass das Eis Enten gut, mich aber wahrscheinlich nicht tragen würde. Um seine Vermutung zu untermauern, nahm er einen größeren Findling und warf ihn auf das dünne Eis. Das krachte und zerbrach. Der Findling verschwand in den Tiefen des Weihers.

Ich stand noch ganz still und tief beeindruckt da, als er meinte: »So, und nun kannst du auf das Eis gehen, wenn du Lust dazu hast. Wenn du magst, kannst du den Enten nachlaufen und ein wenig übers Eis schlittern.« Ja, dachte ich mir, das könnte ich tun. Aber ich wusste, ich würde wie der Stein einbrechen. Obwohl ich hätte gehen können, habe ich es sein lassen.

Der Herdplatteneffekt und seine Anziehungskraft

Bei Trainings und Schulungen legen wir großen Wert auf die positive Vermittlung aller Aspekte guten Projektmanagements. Das bedeutet u.a., dass wir der Reihe nach die Elemente organisierter Projektplanung besprechen.

Unseren Seminarteilnehmern wird natürlich auch aufgezeigt, was man am besten vermeidet, nicht macht bzw. sein lässt. Nur um dann später, z.B. bei Management-Audits, oder -Assessments zu erleben, dass gerade das, was getan wurde, nicht das war, was getan hätte werden sollen. Das nenne ich den Herdplatteneffekt.

Dieser Effekt besteht darin, dass gerade das Verbot eine magische Anziehungskraft besitzt, die stark, offenbar zu stark ist, um ihr zu widerstehen. Wie damals mein Vater mir, möchte ich Ihnen nun beispielhaft die Tragfähigkeit verschiedener Eisflächen aufzeigen. Sie mögen lächeln, über das Eis laufen sollten Sie nicht. Beim Lesen werden Sie sich sagen, klar, das Eis ist viel zu dünn, da breche ich mit Sicherheit ein!

Ich sage Ihnen wie mir damals mein Vater, wenn Sie heiß auf Abenteuer sind, mir und Ihrem Gefühl nicht trauen: Nichts wie drauf und den Enten nachgelaufen. Los, gehen Sie! Ziehen Sie es durch! Die ProjektManager, die ich bei den erwähnten Audits und Assessments gesehen habe, haben ihre Projekte oft wohl wissend, dass das Eis nicht tragen würde, durchgezogen. Offenbar ist das alles kein Problem. Die Praxis zeigt, dass die meisten gerettet werden können, nachdem sie, wie zu erwarten, eingebrochen sind. Hoffen Sie darauf, dass es Ihnen auch so geht!

Herdplatten und Eisflächen ...

... habe ich grau hinterlegt, obwohl feuerrot angebrachter gewesen wäre. Ich habe hier gerne die Chance beim Schopf ergriffen, um ein wenig zu polemisieren. Ich bitte nicht um Nachsicht! An Herdplatten sollten Sie sich nicht verbrennen und auf dem Eis dürfen Sie niemals einbrechen. Sie sind als Mensch viel zu wertvoll, als dass wir auf Sie verzichten können, und Sie als ProjektManager zu verlieren können wir uns auch nicht leisten!

Teil 1

Ein Leben für das Projekt

Sorry, Paul, das muss gesagt werden!

Ich sitze meinem Freund Paul gegenüber und wir sprechen über seine Aufgabe als Projektleiter in seinem Unternehmen. Bevor wir später einiges von einem ähnlichen Unternehmen mit vergleichbaren Projekten erfahren, erst einige Worte zu Paul.

Paul ist Mitte vierzig, seit mehr als zwanzig Jahren im Unternehmen und die meiste Zeit hatte er Führungspositionen inne. Er hat große Projekte in Australien, China, Polen und Italien geleitet, spricht fließend Englisch, ganz passabel Französisch und Italienisch. Er ist ein Global Player und ein toller Manager – super, das alles.

Ja, aber! Seit ich Paul kenne, und das sind jetzt so um die zehn Jahre, ist er massiv übergewichtig, was auch immer ein wesentliches Thema bei unseren Gesprächen war. Ach, ich habe noch nicht gesagt, was ich unter massivem Übergewicht verstehe. Wenn ich massiv sage, meine ich massiv. Paul wiegt bei 180 Zentimetern Körpergröße mehr als 210 Kilogramm. Er wollte immer und will immer noch abnehmen, weil er abnehmen muss. Er weiß ja selber, wie gesundheitsschädlich so ein hohes Gewicht ist. Sein Problem? Paul versuchte bisher alles Mögliche, aber er nahm bei allen Diäten, Kuren etc. nicht ab. Nichts funktionierte.

An diesem Abend zeigt unser Gespräch ein weiteres Problem auf. Paul ist in einer ausweglosen Situation in seinem Unternehmen gefangen, er ist in einer paradoxen Situation, in einem Dilemma. Er kann dort eigentlich nichts richtig und es niemandem Recht machen. Das hat zur Folge, dass er seinen Frust und seine Enttäuschung gegen sich selbst richtet.

An diesem Abend gebe ich ihm den Rat, zu kündigen und sich auf gestaltbare Ziele zu konzentrieren. Soll heißen, er soll in erster Linie auf sich selbst achten. Alles was er in der Firma hat einstecken, alle faulen Kompromisse, die er hat schließen müssen, hatten ihm am Ende einen großen körperlichen und noch größeren seelischen Schaden zugefügt. Keine Firma, kein Projekt darf solchen Schaden anrichten. Wenn es trotzdem passiert, das ist meine Meinung und dazu stehe ich, muss man lernen, den Problemen ins Auge zu sehen und die Folgen an sich selbst erkennen.

Damit hat jeder die Chance zu lernen, mit Herausforderungen anders umzugehen, ggf. muss man sich einem solchen System entziehen. »Paul hätte das schon viel früher erkennen müssen«, sagen Sie. Ich sage, ja, Sie haben Recht. Ich gehe noch weiter, den Preis für unser Leben sollten wir schon selber bestimmen können. Wir dürfen nicht an Firmen oder Projekten sterben. »Warum ist ihm diese Erkenntnis nicht viel früher gekommen?«, fragen Sie. Dies verstehen zu wollen, führt uns zu Reflexionen und Erkenntnissen.

Reflexionen und Erkenntnisse

Paul hätte diese Erkenntnis viel früher haben müssen, das konnte er aber nicht. Warum? Weil er ein Kämpfer ist! Ein zielstrebiger Manager, der weiß, wie ein System zu funktionieren hat. Indem er seine Augen ausschließlich auf die Unternehmens- und Projektziele richtete, blendete er sein eigenes Selbst und seine persönlichen Ziele völlig aus. Er hat sich selbst aus den Augen verloren. Das bedeutet konkret, er hat versagt bei der Reflexion seiner selbst und hat nicht die richtigen Schlüsse seine Person und sein Menschsein betreffend gezogen. Es hat lange gedauert, und hoffentlich ist es nicht zu spät für Paul. Er hat gekündigt und verlässt zum letzten des Monats »seine« Firma.

Anm.: Am Ende jeder Geschichte in diesem Buch habe ich meine Erkenntnisse und Ideen kurz zusammengefasst. Damit soll das Leiden erspart, zumindest aber der Schmerz verringert werden. Beachten Sie bitte: Als ProjektManager dürfen Sie am Ende nicht nackt dastehen.

Nichts auf der Welt rechtfertigt einen so hohen Preis, der aus so viel Leid besteht. 210 Kilo sind pures Leid. Und nun, Paul? Du solltest von Jörg lernen, damit es dir am Ende nicht wie ihm geht!

Was, Du kennst Jörg nicht?

P.S. Aller Eifer, etwas zu erreichen, nutzt freilich gar nichts, wenn du das Mittel nicht kennst, das dich zum erstrebten Ziel trägt und leitet.

Cicero

Erkenntnisse

◌ Der bewusste Umgang mit der Zeit gibt uns Raum für schöpferische Tätigkeiten.

◌ Gespräche mit den richtigen Menschen erden uns und helfen, den Fokus richtig zu legen.

◌ Eine große Leidensfähigkeit löst keine Probleme.

◌ Der Grenzwert für die Leidensfähigkeit muss niedrig genug angesetzt sein, um in ausweglosen Situationen rechtzeitig die Handbremse ziehen zu können.

◌ Rechtzeitig aufzuhören hält uns gesund und gibt uns die Offenheit für das Neue.

◌ Wenn ich nicht selbst in der Lage bin, eine Situation zu reflektieren und zu bewerten, benötige ich einen Freund, der mir dabei hilft.

◌ Veränderungen lassen sich am besten erreichen, indem man alle Punkte, die belasten oder beflügeln, aber auch ganz allgemeine Ideen aufschreibt.

◌ Durch Strukturieren bringt man anschließend Ordnung ins Chaos und kann eine Konzeption erstellen.

◌ Eine Konzeption sollte kritisch überprüft werden. Wo liegen die Risiken? Wo besteht Konfliktpotenzial? Wo könnten sich unüberwindliche Hürden abzeichnen?

◌ Welche Ziele will ich wirklich erreichen? Eine Frage, die mir Klarheit über mein Tun und Handeln in der näheren und ferneren Zukunft gibt. Hier ergibt sich auch die Chance, die eigenen Ziele ethisch und moralisch zu überprüfen und gute Argumente für sie zu finden.

Teil 2

Das Projekt

Nach der Frühstückspause

»Blick auf die Uhr, 9:15 Uhr! Es ist Zeit! Auf geht's und ab zurück an die Arbeit. Schließlich liegen einige dringliche Themen an, die es zu erledigen gilt. An erster Stelle steht die Lösung der Krise, die durch folgenreiche Fehlschläge im Testlabor ausgelöst wurde. Das Projekt Multicoloured Star Pen ist noch mit einem Statusbericht zu unterlegen, und dann muss ich noch die Eröffnungsrede für den Ärztekongress in Haifa vorbereiten. Das sieht sehr nach Überstunden aus. Dabei wollte ich doch heute nach Feierabend mit den Kindern kochen.« Das dachte Dr. Karl Riemer.

In Gedanken versunken, ging Dr. Karl Riemer zurück in sein Büro. Er arbeitete nun schon seit 22 Jahren im Unternehmen PB. Nach seiner Promotion in Chemie und dem parallelen Abschluss als Diplom-Biologe fand er hier interessante Aufgaben und wurde schnell zum geschätzten Partner in vielen, ganz unterschiedlich gearteten Projekten. Ob im Entwicklungsumfeld oder beim Aufbau neuer chemischer Großanlagen, seine Kompetenz war immer gefragt. Zuletzt arbeitete er an der Einführung eines softwaregestützten Managementsystems und lernte dabei sehr viel über Organisationsprojekte. Die Arbeit bereitete ihm immer Freude und da er den Langstreckenlauf als sportlichen Ausgleich für sich entdeckt hatte, sah er wahrlich nicht wie ein 52-jähriger aus.

Seit zwei Monaten hatte der Entwicklungsbereich einen neuen Leiter und damit auch Karl Riemer einen neuen Chef. Dieser war 33 Jahre alt und hieß David Bourges. Vor sechs Jahren hatte er mit Prädikatsexamen seinen Master of Business Administration an der renommierten Harvard Business School absolviert. In mehreren Projekten, bei denen diverse Unternehmen eine neue strategische Ausrichtung erhalten sollten, hatte er rasch an Erfahrung im internationalen Umfeld gewonnen.

Über ein Jahr arbeitete David Bourges als Projektleiter an der Restrukturierung des Entwicklungsbereichs der PB. Der schon etwas betagtere Entwicklungsleiter erweckte den Anschein, mit all seinen neuen Aufgaben komplett überfordert zu sein. Deshalb übertrug der Vorstand David Bourges als Interimsmanager die Verantwortung und versetzte den bisherigen Leiter in den vorzeitigen Ruhestand.

Auf dem Weg zurück ins Büro traf Herr Bourges seinen Stellvertreter Dr. Karl Riemer. »Guten Morgen, Herr Dr. Riemer, wie geht es Ihnen? Sie haben es sicherlich mitbekommen, die Spatzen pfeifen es ja schon von den Dächern, wir benötigen ein neues Heuschnupfenmittel. Sie sollten sich um dieses Projekt kümmern. Können Sie mir Ihre ersten Ideen kurz skizzieren? Sagen wir in 15 Minuten bei mir im Büro?«

Bass erstaunt und sprachlos wegen der überfallartigen Ansage ging Dr. Riemer zurück in sein Büro. Die Gedanken jagten ihm durch den Kopf. Mit Schrecken dachte er an seinen alten Chef, der so plötzlich in den Vorruhestand geschickt wurde. Der Vorstand erhob massive Vorwürfe. Von schlechter Führung und mangelhafter Leistung seines Unternehmensbereichs war da die Rede gewesen. Er hatte dem Druck schließlich nachgegeben und den Weg frei gemacht für den jungen und dynamischen David Bourges.

Der Projektcheck

In Gedanken verschaffte sich Dr. Riemer einen Überblick über die ihm gestellte Aufgabe und erkannte dabei rasch, dass es sich um keine Routineaufgabe, sondern um ein Projekt handelte.

Fortsetzung folgt.

Der Projektcheck

Ich bekomme eine neue Aufgabe gestellt und möchte gerne qualifiziert an die Arbeit gehen? Dann stelle ich mir zuerst die Frage, ob es sich um ein Projekt handelt.

7. Definierter Anfang und Abschluss?

1. Vor Arbeitsbeginn definiertes Ziel?

6. Neuartiges Vorhaben?

2. Begrenzte Ressourcen?

5. Komplexes Vorhaben?

3. Interdisziplinär zu bearbeiten?

4. Festgelegte Ergebnisverantwortung?

Ich kann jede Frage mit Ja beantworten?
Gut, dann kann ich davon ausgehen, dass meine neue Aufgabe ein Projekt ist.

Ich konnte nicht jeden Punkt mit Ja beantworten?
Kein Problem, dann unterstütze ich den einen oder anderen Aufgabenbereich mit Methoden des Projektmanagements.

Ich musste öfter Nein sagen?
Auch kein Problem, ich versuche die Arbeit als Routinetätigkeit zu planen.

Ich schreibe auf, was mir zu den folgenden Punkten einfällt und was darüber bereits ausgesagt wurde.

1. Vor Arbeitsbeginn definiertes Ziel?

Was werde ich am Ende des Projekts als Ergebnis abliefern? Wie lange werde ich dafür brauchen? Habe ich Zeitvorgaben? Wie viel wird es kosten? Gibt es finanzielle Begrenzungen?

2. Begrenzte Ressourcen?

Welche Mitarbeiter, Maschinen, Anlagen etc. stehen mir nur begrenzt zur Verfügung? Wann benötige ich die Unterstützung? Was muss ich dafür aufwenden?

3. Interdisziplinär zu bearbeiten?

Welche Expertise müssen die Mitarbeiter einbringen? Welche Ausbildung sollten sie vorweisen können? Kommen die Helfer aus unterschiedlichen Abteilungen, Bereichen, Unternehmen, Kulturkreisen?

4. Festgelegte Ergebnisverantwortung?

Wer ist mein Auftraggeber? Wer gibt die erforderlichen Finanzmittel? Können einzelne Themengebiete des Projekts als Teilprojekt oder Arbeitspaket zusammengefasst und delegiert werden?

5. Komplexes Vorhaben?

Warum ist die Aufgabe schwierig zu lösen? Sind die Mitarbeiter räumlich verteilt? Sprechen alle die gleiche Sprache? Verstehen sich die Mitarbeiter untereinander? Gibt es Abstimmungsprobleme, z.B. wegen unterschiedlicher Fachtermini?

6. Neuartiges Vorhaben?

Kann ich u.U. auf Wissen aus ähnlichen Vorhaben zurückgreifen? Lassen sich einzelne Arbeitsprozesse aus Routinetätigkeiten ableiten?

7. Definierter Anfang und Abschluss?

Wann kann ich mit der Zielformulierung für einen konkreten Projektvertrag beginnen? Wann habe ich die Planung und die Organisation des Projekts abgeschlossen? Wann liegt das Ergebnis des Projekts vor? Wann habe ich bewertet, wie viel das Projekt tatsächlich gekostet hat? Wann habe ich die Erkenntnisse aus dem Projekt zusammengefasst und meinem Unternehmen zur Verfügung gestellt?

Ich habe mir einen guten Überblick über meine neue Aufgabe verschafft. Vielleicht konnte ich noch nicht alle Fragen beantworten, zumindest weiß ich, dass an der einen oder anderen Stelle noch etwas zu tun ist. **Ich lege nun die Projektakte an.**

Der erste von neunzehn Teilprozessen im Bereich der ›harten Faktoren‹ ist nun erklärt.

Der ungeduldige ProjektManager kann auf Seite 187 mit dem ProjektAtlas das fertige Ergebnis begutachten.

Die Projektakte

Projektakte

Auftraggeber: ...
Projektart: Organisation, Entwicklung, Investition
Projekt: ...

Projektorganisation 1
Umfeld

1.1 Projektleitung
1.2 Projektteam
1.3 Lenkungsausschuss
1.4 Auftraggeber
1.5 Projektpartner

Projektsteuerung 4
Durchführung

4.1 Aktivitätenliste (fortgeschrieben)
4.2 AP-Beschreibung (vereinbart, in Arbeit, abgeschlossen)
4.3 Projektberichte (fortgeschrieben)
4.4 Arbeitsberichte, Tätigkeitsnachweise
4.5 Kalkulation (fortgeschrieben)

Projektdefinition 2
Vorbereitung

2.1 Akquisitionsunterlagen
2.2 Angebot
2.3 Ziele (Leistung, Kosten, Termine)
2.4 Ist-Analyse
2.5 Vertrag, Auftrag, Allgemeine Geschäftsbedingungen
2.6 Spezifikation
2.7 Projektbericht (Grobgliederung, Entwurf)

Projektabschluss 5
Bewertung

5.1 Rechnungslegung
5.2 Qualitätssicherung (Abnahme)
5.3 Nachkalkulation
5.4 Produktgenerierung (Routineprozess)
5.5 Bewertung durch den Auftraggeber
5.6 Allgemeine Erkenntnisse

Projektplanung 3
Initialisierung

3.1 Phasenplan, Meilensteinplan
3.2 Projektstrukturplan
3.3 Netzplan
3.4 Aktivitätenliste
3.5 Vorkalkulation
3.6 Risikoanalyse
3.7 Projektbericht, Version 0 (intern, extern)

Projektmaterial 6
Sammlung

6.1 Konzepte
6.2 Software (CDs, USB-Sticks)
6.3 Begleitmaterial (wissenschaftliches Material, Artikel, Literatur, Verweise auf Referenzprojekte, Internet-Recherche, Quellen)
6.4 Präsentationen (Charts, Handouts)

Fortsetzung

Etwas gehetzt schob Dr. Riemer die Unterlagen auf seinem Tisch beiseite. Alle Pläne für den heutigen Tag konnte er getrost in die Tonne treten und das Kochen mit seinen Kindern rückte ebenfalls in weite Ferne. Wie war das gleich wieder? Ein neues Heuschnupfenmittel entwickeln? Er begann seine Schätzungen zu notieren.

Leistung des Projekts: Entwicklung eines neuen Heuschnupfenmittels, anwendbar für jeden Menschen, d.h. unabhängig von Alter, Geschlecht oder Rasse und jede Form von Pollen, also Pollen jeder Pflanze.

Dauer des Projekts: ca. 15 Jahre Projektlaufzeit, d.h. Analyse/ Planung, Entwicklung, Felderprobung, Abschluss.

Kosten des Projekts: ca. 500 Mio. Euro.

Um dem Projekt die richtige Ausrichtung zu geben, wog er die Ziele gegeneinander ab und kam zu dem Schluss, dass die erste Priorität auf der Erbringung der Leistung liegen musste. Mit einem leichten Schauder erinnerte er sich an Pharmaprojekte, deren erste Zielpriorität auf der Termineinhaltung oder der Kosteneinhaltung gelegen hatte. Das schlimmste Beispiel ist für ihn immer noch das Entwicklungsprojekt »Contergan« der Firma Grünenthal aus Stolberg.

Ein Beruhigungs- und Schlafmittel hatte im Zeitraum von 1957 bis 1961 in Deutschland in mehr als 4.000 Fällen schwerste Schädigungen bei ungeborenen Kindern verursacht. Die Schwangeren hatten das als bedenkenlos eingestufte Medikament eingenommen und dadurch ihren ungeborenen Kindern furchtbare Entstellungen zugefügt. So etwas, dachte Riemer, durfte nie mehr passieren, d.h. schlicht und ergreifend, der Leistung des Projekts musste höchste Zielpriorität eingeräumt werden.

Aus seiner Erfahrung heraus war ihm ebenfalls klar, dass sich über den genauen Zeitpunkt des Projektendes nur spekulieren ließe. Also? Genau! Der Endtermin für die Fertigstellung des Projekts bekam die niedrigste Priorität, die Kosteneinhaltung rangierte auf dem zweiten Platz. Mit dieser Gedankenskizze zu den Projektzielen machte Dr. Riemer sich auf den Weg zu seinem Entwicklungsleiter.

Fortsetzung folgt.

Projektauftrag

Die bisher identifizierten Eckwerte meines Projekts werden mir helfen, mit den maßgeblichen Menschen meines Projekts einen Projektauftrag aufzusetzen. **Folgende Punkte sollte ich festlegen:**

Leistungsziel des Projekts

Was habe ich am Ende des Projekts als Ergebnis vorzuweisen?

Terminziel des Projekts

Wann startet mein Projekt und bis wann habe ich das Leistungsziel erreicht? Habe ich an Zeitpuffer gedacht?

Kostenziel des Projekts

Wie viel Geld habe ich am Ende für das Projekt ausgegeben? Habe ich an Reserven gedacht?

Zielprioritäten

Was ist unumstößlich mit Priorität A versehen, die Leistung, die Termineinhaltung oder die Budgeteinhaltung? Wo liegen die untergeordneten Prioritäten?

Projektkostenstelle

Im Falle eines firmeninternen Projekts lasse ich eine Projektkostenstelle einrichten. Damit lege ich die Grundlage für solides Kostenmanagement (Kostenplanung, Kostencontrolling).

Projektfreigabe

Mein Projektauftraggeber kann nun das Projekt freigeben, womit ich in die Lage versetzt werde, das Projekt zu planen, zu realisieren und zu finalisieren.

Mit dem Projektauftrag kann auch meine Rolle als Projektleiter beginnen und die Einsetzung des Lenkungsausschusses erfolgen. Der Lenkungsausschuss ist das Gremium, in dem ich als Projektleiter und der Auftraggeber eingebunden sind. Ich halte den Lenkungsausschuss so klein wie möglich und terminiere regelmäßige Treffen.

Sollten sich neue Anforderungen ergeben, können das Änderungsmanagement direkt an den Leistungs-, Termin- und Kostenzielen ausgerichtet und die Konsequenzen der Änderung aufgezeigt werden.

Fortsetzung

Gerne hätte Dr. Riemer noch einige Analysen angestellt, doch dazu war innerhalb von zehn Minuten wahrlich keine Zeit.

»Also, wie gesagt, dies wären meine ersten Überlegungen zu dem von Ihnen skizzierten Projekt, lieber Herr Bourges.« Der Entwicklungsleiter verdrehte die Augen, legte die Stirn in Falten und begann etwas genervt zu sprechen. »Da haben wir uns ja wohl komplett missverstanden. Ich hätte da schon etwas mehr und fundiertere Aussagen von Ihnen erwartet. Diese Überlegungen und 15 Jahre Zeit – undenkbar, 500 Mio. Euro – ein echter Witz. Und dann die Priorisierung – was haben Sie sich denn dabei gedacht?«

Dr. Riemer schüttelte innerlich den Kopf. Dass er einen jungen Kollegen vor sich sitzen hatte, machte ihm nichts aus, dass dieser junge Mann sein direkter Vorgesetzter war, konnte er akzeptieren, aber die Form der Kommunikation, das aufbrausende und herablassende Gehabe, machte ihm zu schaffen. Besonders ärgerte ihn die Art und Weise, wie seine Kompetenz in Zweifel gezogen wurde. Projekte dieser Art hatte er zur Genüge und auch sehr, sehr erfolgreich durchgezogen. Und damit seinem Unternehmen sehr viel Umsatz, Ertrag und Marktpräsenz gesichert. Das alles schien im Moment vergessen zu sein.

»Dr. Riemer, wir sind ein Unternehmen, das den Profit im Auge haben muss! Wir können uns Ihre Zielvorstellungen unmöglich erlauben. Ich denke auch, dass es unmöglich sein wird, einen Kostenblock in der von Ihnen vorgestellten Größenordnung zu finanzieren.«

Dr. Riemer ließ sich zu einer kleinen Zwischenfrage hinreißen. »Haben Sie das Projekt noch gar nicht budgetiert?«
»Bisher noch nicht, aber die Sache wird in den Businessplan aufgenommen, sobald wir eine solide Arbeitsgrundlage haben. Dies scheint mir unter den von Ihnen dargestellten Zielvorstellungen leider nicht

gegeben zu sein. Wissen Sie, was ich denke, lieber Dr. Riemer? Ich denke, wir übergeben diese Aufgabe Ihrem Kollegen Dr. Jörg Straßer. Er ist wie Sie Chemiker, bringt aber schon wegen seiner Jugend einen besseren Drive in die Sache. Es ist wohl das Beste, wenn er sich weiter um dieses Thema kümmert. Das Heuschnupfenmittelprojekt soll von Dr. Straßer geleitet werden!«, entschied Herr Bourges.

Der 29-jährige Dr. Jörg Straßer war seit ca. fünf Monaten im Unternehmen. Er übernahm die ihm übertragene Aufgabe sehr widerwillig und nur mit Zähneknirschen. Doch vor Ablauf der Probezeit konnte er sie gar nicht ablehnen. Er machte sich gleich daran, die ersten Teststellungen im Labor aufzubauen und in die Realisierung des Projekts einzusteigen.

Fortsetzung folgt.

P.S.: Da war er, der Wunsch als Vater des Gedankens!

Erkenntnisse

○ Wenn einem ein Projekt zwischen Tür und Angel angedient wird, heißt es, wachsam zu sein.

○ Der Projektcheck hilft, Projekte von Routineaufgaben zu unterscheiden.

○ Die Zielformulierung darf nicht nur Aussagen über Kosten, Termine und Leistungen enthalten, sondern muss auch die Zielpriorität ausweisen.

○ Es gilt, über Konfliktpotenzial und begrenzende Randbedingungen nachzudenken. Nach der Aufstellung der Ziele ist die beste Zeit dafür.

○ Überhebliche Auftraggeber bzw. Topmanager sind ein K.o.-Kriterium für jede gute Arbeit als ProjektManager.

○ Der erfahrene ProjektManager erkennt solche Auftraggeber bzw. Topmanager nach den ersten Sätzen und verhält sich entsprechend.

○ Nicht jedes potenziell durchzuführende Projekt muss **mein** Projekt sein.

○ Es kann ein Projekterfolg sein, ein Projekt nicht zu starten.

○ Es muss nicht immer ein Unglück sein, wenn ein anderer zum Projektleiter ernannt wird.

○ Bei der Übertragung eines Projekts sollte der Projektleiter die Frage stellen: »Warum ausgerechnet ich?«

Herdplatten und Eisflächen

Als guter ProjektManager achten Sie darauf, dass ab sofort (d.h. nach Ernennung zum Projektleiter) Ihr Topmanager im Mittelpunkt steht und nicht Ihr externer Auftraggeber bzw. Kunde. Es ist immer wichtiger, einem internen Vorstand die nötige Ehre zu erweisen und ein aufgemotztes Projekt zu präsentieren. Weniger wichtig ist es, einen potenziellen externen Auftraggeber für ein Folgeprojekt zu begeistern. Denn wegen Ihrer internen Karriereplanung haben Sie für Kundenwünsche keine Zeit mehr. Sie glänzen jetzt, leider wie Katzengold.

Erkenntnisse

○ Wahrer Glanz scheint nach innen.

◖ Nur wer das Strahlen sehen will, kann es sehen.

○ Blinde Topmanager müssen geführt werden, sie dürfen es aber nicht merken.

Eine Rückfrage

Das Projekt HSM06/23 (so wurde das Projekt »Neues Heuschnupfenmittel« inzwischen genannt) lief sehr vielversprechend an. Dr. Straßer kam mit seinen Tests zunächst hervorragend voran. Aber als es bei einer Komponentenlieferung unerwartete Probleme gab und dann ein Zulieferer wegen Insolvenz ausfiel, geriet das Projekt erstmals ins Stocken. Die Aufgaben, die es bis hierher zu bewältigen gab, konnten durch Überstunden, Wochenendarbeit und auch durch kurzfristiges Streichen des Jahresurlaubs aufgefangen werden. Das Team frustrierten diese Maßnahmen, aber das blieb dem Projektleiter leider verborgen. Mit der Insolvenz eines wichtigen externen Zulieferers brach das Kartenhaus dann endgültig zusammen.

Die letzten Nächte waren für Jörg Straßer fürchterlich. Das Einschlafen bereitete keine Probleme, denn es fiel schlichtweg aus. Dafür konnte er die Nacht zum Grübeln verwenden. Und zum Grübeln gab es ausreichend Themen: das Projekt und sein Fortschritt (was sich als Beschreibung für den Fortgang eigentlich verbieten würde, denn es ging ja nun gar nichts mehr voran), aber auch die persönliche Berufssituation (die Probezeit wurde im beiderseitigen Einvernehmen auf zwölf Monate verlängert). Alles in allem stand es sehr schlecht. Die Arbeitsmarktsituation ließ auch keinen kurzfristigen Stellenwechsel zu. Dr. Straßer war also zunächst an PB gebunden. Wenigstens war in seinem Privatleben alles im grünen Bereich.

Seit zwei Monaten war er mit Sabine verheiratet. Das junge Ehepaar hatte eine Neubauwohnung in Firmennähe gekauft. Leider fiel der aufgenommene Kredit höher aus als geplant. Der Umzug wurde teurer, als Jörg und Sabine erwartet hatten, Möbel mussten noch gekauft werden und zu allem Überfluss kam der gebrauchte Wagen nicht mehr durch den TÜV. Sabine hatte sich beim Neuwagenkauf durchgesetzt und fuhr stolz ihr neues Cabrio.

Die ganze Sache war schon sehr beeindruckend – für die Freunde der Straßers. Sabine und Jörg spürten vor allem den Druck auf ihren Schultern. Wie sollte das nur weitergehen? Bei all den Herausforderungen galt es nun, kühlen Kopf zu bewahren und wieder Herr der Lage zu werden.

Herr Bourges stand dem Projekt zunächst sehr wohlwollend gegenüber. Nachdem sich jedoch die Rückschläge häuften, wurde er ungeduldig. Seine kritischen Nachfragen kamen immer öfter und zwischenzeitlich erreichten Jörg Straßer E-Mails und Telefonate auch schon mal am Wochenende oder in der Nacht. Die langen Gespräche ohne greifbare Resultate setzten ihm sehr zu. Jetzt auch noch diese Präsentation! Erstmals sollte er vor einem Gremium berichten. Neben seinem Entwicklungsleiter würden ein Qualitätsmanager und ein interner Revisor anwesend sein. Damit lag der Fokus auf der erreichten Leistung und den dafür verbrauchten Geldern. Zusätzlich wurde ein Kosten-, Zeit- und Leistungs-/Ergebnisplan (mit allen Zwischenergebnissen) erwartet.

Angesichts der stagnierenden Tests im Labor sah Jörg Straßer sich außerstande, die zwischenzeitlich erreichten Ergebnisse schlüssig darzustellen und die bisher verbrauchten Projektgelder aufzuschlüsseln. Von der derzeitigen Projektlage wagte er kaum zu berichten. Es war der reine Wahnsinn, wie sollte das alles weitergehen? So einsam und verlassen hatte sich Jörg Straßer in seinem Leben noch nicht gefühlt.

Mit Augenrändern und übernächtigt lief er auf dem Weg in sein Büro dem frohgelaunten Kollegen Dr. Riemer über den Weg.

Dr. Riemer hatte eine vielbeachtete Eröffnungsrede beim Ärztekongress in Haifa gehalten. Jörg Straßer wäre gerne hingeflogen, aber nun gut, das ging halt nicht, auf zwei Hochzeiten kann man nicht gleichzeitig tanzen. Fragen kostet nichts und warum nicht zumindest ein kurzes Briefing in Anspruch nehmen, dachte er sich.

»Hallo, lieber Herr Riemer, wie war es denn in Haifa? Sie haben ja einen ganz tollen Vortrag abgeliefert.« »Ja, danke der Nachfrage, es lief tatsächlich ganz ausgezeichnet ...«

Bei einem Cappuccino berichtete es sich leichter. Schnell entwickelte sich aus dem anfänglichen Geplauder ein sehr ernstes Gespräch zur allgemeinen Situation von Jörg Straßer. Bereitwillig legte er seine Vorgehensweisen, Arbeitsergebnisse und derzeitigen Probleme offen. Dr. Riemer hörte aufmerksam zu, nickte zustimmend, schüttelte aber auch immer wieder ungläubig den Kopf.

Jörg Straßer berichtete immer gehetzter, wiederholte Sachverhalte, wurde fahrig. Der Stress war ihm deutlich anzusehen.

Nachdem er seine schier ausweglose Situation geschildert hatte, kam ihm die beste aller Fragen über die Lippen: »Was würden Sie mir raten, Herr Riemer?« Riemer lehnte sich nachdenklich zurück. »Wissen Sie, lieber Herr Straßer, ich war vor vielen Jahren in einer Situation, die mit Ihrer heutigen Lage sehr gut vergleichbar ist ...«

PROJEKT KOMMUNIKATION

KOMMUNIZIEREN UND INFORMIEREN

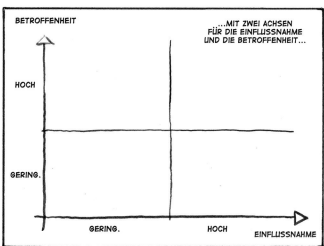

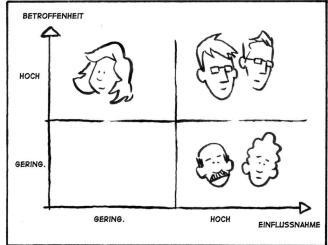

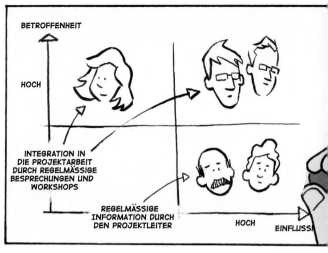

350 V. CHR., 4. JULI, 16:30 UHR

SOKRATES, ICH MUSS EUCH UNBEDINGT ETWAS ERZÄHLEN! ICH ...

HALT, STOP!

HAST DU DAS, WAS DU MIR SAGEN WILLST, AUCH DURCH DIE *DREI SIEBE GUTER KOMMUNIKATION* GEFILTERT?

NEIN, ICH KENNE DIE DREI SIEBE GUTER KOMMUNIKATION NICHT EINMAL!

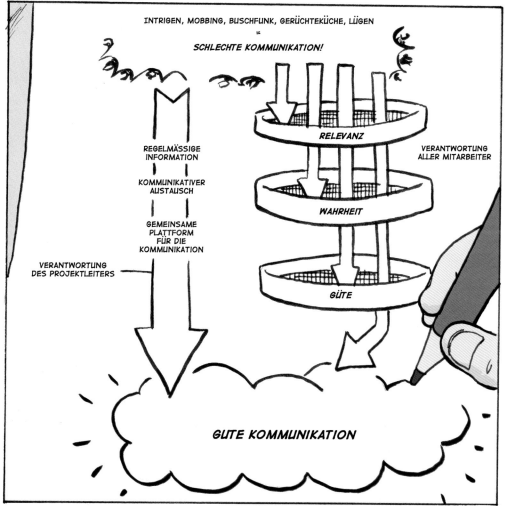

Stakeholder

Nach dem sehr guten Gespräch mit Dr. Riemer fertigte Jörg Straßer eine Liste potenzieller Stakeholder an und ordnete die Personen bzw. Personengruppen in eine Matrix mit aufsteigender Betroffenheit (y-Achse) und Einflussnahme (x-Achse) ein.

Fortsetzung folgt.

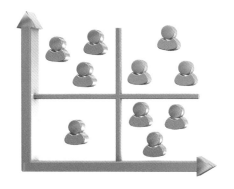

Stakeholder
des Projekts

Projekte werden von Menschen für Menschen gemacht! Welche Menschen sind von meinem Projekt und/oder seinen Ergebnissen betroffen oder nehmen Einfluss darauf? Was kann ich zur Einbindung dieser Menschen tun? Worauf muss ich organisatorisch achten?

Die Personen und Personengruppen ordne ich in ein Diagramm ein. Die Betroffenheit und die Einflussnahme bezeichnen die Achsen des Diagramms.

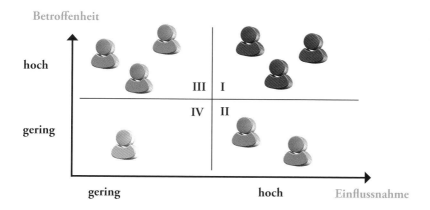

Welche Maßnahmen sind zu definieren?
Ich lege die Maßnahmen zur Organisation der Personen und Personengruppen sowie zur Kommunikation mit ihnen fest.

Quadrant I: Mitglied im Lenkungsausschuss.

Quadrant II: Eng an das Projekt anbinden (z.B. durch aktive Mitarbeit im Kernteam = Projektmanagementteam) oder im Projektteam.

Quadrant III: Einbindung in ein Beratungsgremium oder einen Projektbeirat. Die Menschen in diesem Quadranten müssen regelmäßig, umfassend und aktiv in den Kommunikationsprozess eingebunden werden.

Quadrant IV: Hier reicht es häufig aus, situativ und weniger umfassend zu informieren.

Umfeldanalyse

Dann machte sich Jörg Straßer an eine schnelle Skizze seiner Projektumwelt. Dabei half ihm die Unterteilung in politisches, ökonomisches, soziales, technologisches, rechtliches und ökologisches Umfeld. Auf Basis dieser Analyse konnte er viele Projektaspekte greifbar machen. Es wurde ihm klar, dass er sein Projekt komplett falsch aufgesetzt hatte.

Die bisherigen Arbeiten für seine geplante Präsentation warf er weg und begann von vorne. Nur nicht mehr so, wie es die Agenda von ihm verlangt hätte, sondern mit den Erfordernissen des Projekts im Mittelpunkt. Er plante, seine Stakeholder- und Umfeldanalyse zum Kern des Reviews zu machen. Und als Ergebnis? Hier, so befand er, sollte nicht die Darstellung des erreichten Sachstands stehen, sondern eine Auflistung von Aktivitäten, die zur erfolgreichen Realisierung des Projekts beitragen könnten. Die wichtigste Aktivität musste es aus seiner Sicht sein, die richtigen Mitarbeiter für das Projekt zu gewinnen. Er brauchte ein starkes Team! Aus seinem Stakeholder-Diagramm leitete er für die zu besetzenden Positionen und Aufgabenfelder jeweils eine grobe Tätigkeitsbeschreibung ab.

Fortsetzung folgt.

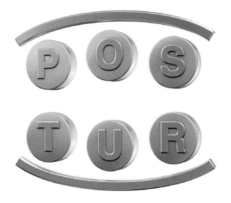

Projektumfeld

Kein Projekt wird im luftleeren Raum durchgeführt. Projekte werden durch gesetzliche/vertragliche Randbedingungen, personelle/fachliche Belange etc. eingegrenzt. Rechtzeitig die wesentlichen Sachverhalte zu erkennen und zu berücksichtigen hilft, ein erfolgreiches Projekt zu schaffen. **Welches Umfeld findet mein Projekt vor? Auf was muss ich in den folgenden Themengebieten achten?**

Politik – politisches Umfeld
Welche »Machtzentren« sind zu beachten? Gibt es unterschiedliche Interessensfelder?

Ökonomie – ökonomisches Umfeld
Gibt es wirtschaftliche Begrenzungen? Herausragende wirtschaftliche Interessen? Wettbewerber? Sind saisonale oder konjunkturelle Schwankungen zu berücksichtigen?

Soziologie – soziologisches Umfeld
Sind dem Projekt ethische oder moralische Grenzen gesetzt? Muss ich auf Stimmungen oder Emotionen der vom Projekt betroffenen Personen achten?

Technologie – technologisches Umfeld
Sind in meinem Projekt technische Neuerungen zu integrieren? Sind die Technologien erprobt? Muss ich Schutz- oder Nutzungsrechte beachten?

Umwelt – ökologisches Umfeld
Verschmutze ich mit meinem Projekt die Umwelt? Muss ich mich auf umweltbedingte Vorgaben oder Auflagen einstellen?

Recht – rechtliches Umfeld
Welcher Rechtsraum liegt vor? Welche Gesetze und Vorschriften gelten für mein Projekt?

Benötige ich in einzelnen Bereichen fachliche Unterstützung? Wie kann ich mit Begrenzungen umgehen? Gibt es Punkte, die mein Projekt undurchführbar machen? Wenn ja, wie kann ich die Problempunkte begründen und wie kann ich das Projekt stoppen?

Es ist vernünftig, ein undurchführbares Projekt frühzeitig zu beenden!

Manchmal kommt es anders

Alles war vorbereitet, das Review konnte beginnen. Aufgeregt wartete Jörg Straßer vor dem Büro seines Entwicklungsleiters. Die Tür öffnete sich und ein strahlender David Bourges trat ihm entgegen. Lächelnd verkündete er, dass das Review verschoben wurde. Bourges hatte ein sehr lukratives Angebot eines anderen großen Unternehmens erhalten und nahm es gerne an. Der neue Entwicklungsleiter Dr. Riemer würde sich dann zu gegebener Zeit bei Jörg Straßer melden und ganz gewiss das Review abnehmen.

Fortsetzung folgt.

Erkenntnisse

○ Manchmal lösen sich Probleme wie von selbst.

○ Manchmal ist öfter als man denkt.

○ Wenn es eine zweite Chance gibt, muss richtig gehandelt, besonnen agiert und beherzt zugegriffen werden.

○ Schlaflose Nächte und Stress lassen sich mit entsprechenden Entspannungsübungen in den Griff bekommen.

○ Man kann seine eigene Resistenz gegen Stress steigern.

○ Die Ursachen von Stress müssen allerdings beseitigt werden, denn das wirkt nachhaltiger.

○ Wenn ein Projekt angenommen wird, muss man das Eisen schmieden, denn jetzt glüht es. Alles, was jetzt nicht getan wird, lässt sich später nur schwer und nur mit viel zusätzlicher Kraftanstrengung nachholen.

Herdplatten und Eisflächen

Legen Sie sich nicht auf Ziele fest. Ändern Sie die Priorität ab und zu. Lassen Sie sich möglichst bis zum Ende des Projekts alle Optionen offen. Überraschen Sie Ihre Mitstreiter mit kontinuierlichen Veränderungen. Zeigen Sie, dass Sie immer für ungewöhnliche bzw. unerwartete Lösungen gut sind. Setzen Sie möglichst die Themen mit der geringsten Relevanz ganz oben auf Ihre Agenda, es ist doch auch wichtig, dass man mal darüber gesprochen hat. Lenken Sie Ihre Teammitglieder mit interessanten Zusatzaufgaben ab. Ignorieren Sie bestehende Abläufe. Achten Sie darauf, dass Sie möglichst innovativ an bestehende Geschäftsprozesse rangehen, und schmeißen Sie diese ggf. – par ordre de Mufti – über den Haufen.

Bei kritischen Fragen Ihrer Mitarbeiter vergessen Sie bitte nicht, mit der übergeordneten Strategie des Unternehmens zu argumentieren und ihnen damit den Wind aus den Segeln zu nehmen. Vermeiden Sie schnelle oder klare Entscheidungen, lassen Sie sich immer alle Optionen offen.

Missachten Sie geschlechtsspezifische, ethnische, kulturelle, ausbildungs- oder altersbedingte Unterschiede. Alle Menschen sind doch schließlich gleich. Gefallen Sie sich in der Rolle des ProjektManagers, imponieren Sie Ihrem Auftraggeber und Ihrem Chef. Zeigen Sie den restlichen Beteiligten, dass Sie einen guten bzw. unantastbaren Status haben.

Als ProjektManager machen Sie alles selbst. Wenn Sie etwas nicht können (was nur selten vorkommt), zeigen Sie Ihrem Mitarbeiter unbedingt, dass er etwas falsch oder nicht in Ihrem Interesse gemacht hat. Zeigen Sie konsequent und regelmäßig, umfassend und zudem am besten mit Nachdruck, dass Sie den Job besser gemacht hätten.

Erkenntnisse

○ Zielklarheit, Planungssicherheit und ein ruhiges Arbeitsklima sind wichtige Pfeiler des Projekterfolgs.

○ Als Projektleiter habe ich von den meisten Bereichen des Projekts keine Ahnung, dort muss ich mir helfen lassen.

○ Andere machen auch einen guten Job, wenn man sie lässt.

Fortsetzung

Das erste Treffen mit dem neuen Entwicklungsleiter

Nach seiner Berufung zum Entwicklungsleiter stellte sich Dr. Riemer die Frage, wie er mit den Linienvorgesetzten und Projektleitern ins Gespräch kommen wollte. Zunächst begann er mit strukturierten Einzelgesprächen, um zu sehen, an welchen Themen und Projekten gearbeitet wurde. Zu diesen Besprechungen zog er immer auch den Qualitätsmanagementbeauftragten (QMB) Markus Reitaler hinzu. Die Ergebnisse der Einzelgespräche wurden in drei Kategorien gepackt.

1. Was ist verbesserungsfähig?
2. Was läuft gut?
3. Welche allgemeinen Empfehlungen gibt es?

Die Ergebnisse der Gespräche sollten dann in verdichteter Form an die Linienvorgesetzten und Projektleiter gehen. Alle Erkenntnisse sollten anschließend in einem Workshop zur Verbesserung der Strukturen und Abläufe weiterentwickelt werden. Damit wurde die Optimierung des Entwicklungsbereichs eingeleitet. Strukturen und Abläufe, das Kompetenzfeld der Mitarbeiter, ihre Ausbildung und Erfahrung, alles wurde überprüft.

Der Osterurlaub hatte Jörg Straßer sehr gut getan und auch die Entscheidungen innerhalb der PB trugen zu großer Entspannung bei ihm bei.

So, leicht gebräunt und gut vorbereitet, betrat er das Büro seines neuen Chefs. »Darf ich Ihnen etwas zu trinken anbieten?« Er entschied sich für ein Glas Wasser. »Nehmen Sie doch bitte am Besprechungstisch Platz.« Jörg Straßer legte sich noch seine Unterlagen zurecht, und während er alles noch einmal überflog, betrat der QMB Markus Reitaler das Büro.

»Also, meine Herren, lassen Sie uns beginnen. Wie sieht es in Ihrem Projekt aus?« Dr. Riemer lehnte sich zurück und folgte gespannt den Ausführungen von Jörg Straßer. Dieser stellte kurz die Stakeholder- und Umfeldanalysen vor, bevor er sich daran machte, die Auflistung der Tätigkeitsprofile zu erläutern. »Ja, das ist der Status, und als Projektleiter würde ich mir wünschen, in diesem so wichtigen Projekt entsprechende Unterstützung zu bekommen«, schloss er seinen Vortrag.

»Könnten Sie uns sagen, wie Sie sich das vorstellen?« Herr Reitaler warf einen neugierigen Blick in Richtung des Projektleiters. Es kam jedoch ein kurzer Zwischenruf von Karl Riemer. »Ich glaube nicht, dass unser Kollege Straßer der richtige Ansprechpartner zur Klärung dieser Frage ist. Diesen Ablauf müssen wir generell für den gesamten Entwicklungsbereich optimieren. Ich habe mir auch schon einige Gedanken darüber gemacht, aber zunächst möchte ich etwas darüber erfahren, wie es mit den Risiken für dieses Projekt aussieht.«
Hierauf war Dr. Straßer nicht explizit vorbereitet. Das hieß für ihn, entweder mit Allgemeinplätzen zu antworten oder aber ganz offen zu sprechen und einzugestehen, dass durchaus Gefahren bestanden, aber von ihm noch keine Risikoanalyse durchgeführt wurde. »Zugegeben, ich sehe tatsächlich erhebliche Risiken, doch würde ich es vorziehen, zunächst in dem noch zu definierenden Team die Planung zu erarbeiten, um dann anschließend mit den Schlüsselpersonen des Projekts eine Risikoanalyse zu erarbeiten. Erst dann würde ich Ihnen gerne die Ergebnisse vorstellen.«

Reitalers Gesichtszüge verhärteten sich merklich, als er einwarf, dass doch ein Projektleiter jederzeit über den Status seines Projekts und die zu erwartenden Risiken informiert sein sollte. Dr. Riemer ergriff abermals das Wort. »Natürlich kann man von einem Projektleiter, der einen soliden Job macht, genau solche Dinge erwarten. Es ist aber wohl nicht ratsam, Forderungen zu formulieren, die aktuell noch nicht erfüllbar sind.« Die drei Kollegen setzten ihr Gespräch fort. Die Liste mit den Verbesserungsvorschlägen, den positiven Punkten und allgemeinen Empfehlungen füllte sich stetig.

»Gut, dann wären wir also soweit durch, ich danke Ihnen, meine Herren«, schloss Dr. Riemer und beendete die Sitzung. Herr Reitaler verließ bereits das Büro, als Jörg Straßer noch damit beschäftigt war, seine Unterlagen zusammenzusammeln.

»Haben Sie sich in Ihrem Urlaub erholt? Schließlich war unser letztes Gespräch doch von merklichen Anspannungen geprägt.«

Der folgende Bericht beruhigte Dr. Riemer sehr und die Freude war Jörg Straßer ins Gesicht geschrieben, als er davon erzählte, dass er und seine Frau Sabine ein Kind erwarteten. »Das ist ja ausgezeichnet, ich beglückwünsche Sie ganz herzlich. Ich bin froh, dass sich die Dinge so gut entwickeln. Ich werde nach Abschluss der Gespräche eine Konferenz einberufen. Dort werde ich auch darstellen, wie zukünftig die Projekte mit Personal unterlegt werden sollen. Über eine kleine unterstützende Ausarbeitung Ihrerseits würde ich mich sehr freuen. Stellen Sie mir doch bitte in einer ersten Skizze dar, wie Sie die Besetzung Ihres Projekts, exemplarisch quasi, vornehmen und wie Sie Ihr Team organisatorisch aufstellen würden. Was denken Sie, bis wann können Sie etwas dazu liefern?« »Zwei Wochen, vermute ich, sollten dafür genügen«, schätzte Jörg Straßer den Zeitbedarf ab und verließ ermutigt das Büro von Dr. Riemer.

Fortsetzung folgt.

Erkenntnisse

○ Gute Kommunikation will vorbereitet und muss verständlich für alle sein.

○ Erst sehen, welcher Ausgangsstatus vorliegt, bevor es an das Umorganisieren geht.

○ Wenn man nichts weiß, ist es gut zu schweigen.

○ Wenn man ein Problem hat oder nichts weiß, ist es gut zu fragen.

○ Offene Fragen (wieso, weshalb, warum) sind häufig besser als geschlossene (ja/nein) Fragen.

○ Oft ist es sinnvoll, ein grobes Konzept als Arbeitsbasis zu haben.

○ Lieber ein gutes Konzept heute als ein perfektes zu spät.

○ Manche Dinge brauchen Zeit – gut Ding will Weile haben.

P.S.: Heute ein guter Plan ist besser als morgen ein perfekter Plan.

George Patton

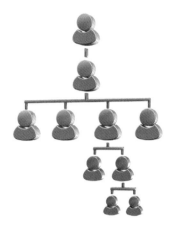

Projektorganisation 1 –
LA und Kernteam

Mein Projekt wird u.U. in einem bestehenden Unternehmen realisiert, möglicherweise (eher die Ausnahme) ist mein Projekt als Unternehmen auf Zeit mit eigener Rechtsform (z.B. GmbH) organisiert. Ich muss mir jetzt bereits Gedanken darüber machen, ob das der Fall sein könnte.

Lenkungsausschuss bilden

Ab sofort werde ich regelmäßig mit meinem Auftraggeber sprechen. Hierfür bilde ich einen formellen **Lenkungsausschuss**, in dem mein **Auftraggeber** und ich als **Projektleiter** vertreten sind. Es wird jetzt klar, dass mein Auftraggeber eine kompetente und bevollmächtigte Person sein muss, d.h., er muss die Berechtigung haben, ein Budget zuzuweisen, in die bestehende Organisation des Unternehmens einzugreifen oder strategische Entscheidungen zu treffen!

Wenn mein Auftraggeber über diese Fähigkeiten nicht verfügt, kann er mir auch keinen Auftrag erteilen! Das Projekt nehme ich in diesem Fall nicht an.

Anpassung des Leistungsumfangs oder der Organisation

Entweder reduziere ich den Leistungsumfang so, dass ich beauftragt werden kann, oder ich belasse den Leistungsumfang und sehe mich nach einem neuen, wahrscheinlich in der Hierarchie höher stehenden Auftraggeber um.

Kernteam

Auf der Grundlage der bereits angefertigten Umfeld- und Stakeholder-Analyse überlege ich mir, welche Funktionen und Fachbereiche für mein Projekt benötigt werden. Aus den Bereichen, die den stärksten Einfluss auf das Gelingen meines Projekts haben, werde ich die Mitglieder des **Kernteams (PM-Team)** gewinnen müssen. Hierzu lege ich eine Liste der erforderlichen Funktionen und Leistungsprofile meinem Auftraggeber vor. Dieser hat nun die Aufgabe, mit den Fachvorgesetzten die Freistellung der notwendigen Mitarbeiter für mein Projekt zu veranlassen.

Kommunikation 1 –
Besprechungen, Workshops, Präsentationen

Ablauf eines Workshops

Projektarbeit ist immer Teamarbeit. Menschen mit unterschiedlichen Ausbildungen und Erfahrungen (Kompetenzen) arbeiten zusammen. Möglicherweise stammen meine Teammitglieder aus verschiedenen Kulturkreisen, sprechen nicht alle die gleiche Sprache, teilen nicht die gleichen Werte und Grundeinstellungen. Um mich all diesen Herausforderungen zu stellen, bin ich als Projektleiter gefordert, d.h., ich muss gute Workshops durchführen!

Der gute Workshop – Umgebung und Technik
Ich achte auf die geeignete Räumlichkeit und die richtige Ausstattung (Flipchart, Pinnwand, Moderationsmaterial, Folien, Folienstifte, Overhead-Projektor und Beamer).

Der gute Workshop – Durchführung
Für die Durchführung unabdingbar ist eine gute Visualisierung, d.h., die folgenden Schritte schreibe ich auf eine Flip-Chart bzw. Folie am Overhead-Projektor. Damit ist die Einbeziehung meines Teams gewährleistet.

Ziel? • Den Fokus festlegen, d.h., die Frage bestimmen, die mit dem Workshop beantwortet werden soll. Wenn z.B. ein Projektstrukturplan (PSP) erstellt werden soll, lautet die zentrale Frage: »Was ist zu tun, um die Aufgabe zu lösen?« (vgl. hierzu die konkreten Workshopanleitungen).

Ablauf? • Den Ablauf bzw. die Arbeitsschritte planen.

Rollen? • Die Rollen festlegen, i.d.R. Moderator, Zeitmanager, Protokollführer, Teamleiter.

Dauer? • Die Dauer pro Arbeitsschritt abschätzen.

Termine? • Die Zeitfixierung pro Arbeitsschritt vornehmen.

Umsetzung! • Den Workshop gemäß dieser Planung umsetzen.

Workshop – Nachbereitung
Es wird ein Protokoll mit den Arbeitsergebnissen erstellt. Ich nutze Fotoprotokolle, da sie einen hohen Wiedererkennungswert haben, schnell erstellt und einfach verteilt werden können.

Themenliste für Projektworkshops

In jedem Projekt gibt es Themengebiete, die besser in Team- als in Einzelarbeit erledigt werden. Möglicherweise ist es erforderlich, in kurzer Zeit einen Überblick zu bekommen, oder die Sichtweise vieler Fachleute ist gefordert. Für die im Folgenden gelisteten Themen bietet sich die Bearbeitung im Workshop an.

Geeignete Workshop-Themen

- Umfeldanalyse
- Stakeholder-Analyse
- Zieldefinition
- Phasenmodell
- Projektstrukturplan
- Risikoanalyse
- Grundlagen der Teamarbeit

Die nachfolgend genannten Themengebiete erfordern eine hohe Konzentration bei der Bearbeitung oder sind emotional stark besetzt. Aus diesen Gründen ist es günstiger, die Bearbeitung alleine oder in Kleingruppen vorzunehmen und dann ggf. im Team die Ergebnisse zu präsentieren und vertiefend zu besprechen.

Bedingt geeignete Workshop-Themen

- Vertragserstellung
- Lastenheft-/Spezifikationserstellung
- Arbeitspaketdefinition (-beschreibung)
- Erstellung der Ablaufplanung
- Erstellung der Kostenplanung
- Erstellung der Kapazitäts- und Einsatzmittelplanung
- Konfliktbearbeitung

Zieldefinition

Als Projektleiter habe ich einen Auftrag erhalten, vielleicht liegen Ideenskizze, Bedarfsanalyse, Sachstandsbericht oder sogar ein Vertrag für mein Projekt vor. Häufig beginne ich als Projektleiter mit meiner Arbeit nicht im luftleeren Raum, sondern finde aufbereitetes Basismaterial vor. Nun könnte ich mich als **Projektleiter** sehr sorgfältig in diese Materie einarbeiten. Besser ist es jedoch, einen Workshop zu organisieren. Hierfür lade ich, ggf. nach Abstimmung mit meinem **Auftraggeber**, die potenziellen Mitglieder des **Kernteams** ein. Bei großen, weitreichenden Projekten sollte die Einladung unbedingt vom Auftraggeber ausgesprochen werden.

Ziele für das Projekt
Datum der Zielfestlegung, Teilnehmerkreis

Ablauf des Workshops
Auf der Grundlage des Vertrags bzw. der Vorgaben des Auftraggebers die Leistungs-, Kosten- und Terminvorgaben aufschreiben
Einzelarbeit   10 min

Leistungs-, Kosten und Terminvorgaben zusammenfassen, die Zielprioritäten festlegen und unterschiedliche Einschätzungen bzw. Wahrnehmungen klären
Teamarbeit   15 min

Sind die Ziele realistisch? Wenn Nein, warum nicht? Was schlagen Sie vor?
Teamarbeit   10 min

Sind die Ziele konfliktfrei? Wenn Nein, warum nicht? An was muss noch gedacht werden?
Teamarbeit   10 min

Arbeitsschritte nach dem Workshop
Auf der Grundlage dieser Zieldefinition muss ich als Projektleiter mit dem Auftraggeber sprechen. Es ist zu klären, ob sich die Zielvorstellungen zur Deckung bringen lassen. Wenn Ja, kann mir der Auftraggeber formell die Rolle als Projektleiter und die erforderlichen **Kompetenzen** für die nächsten Schritte übertragen und falls erforderlich die **Mittel** hierfür zuweisen.

Spezifikation

Ich wende mich mit meinem Kernteam den Fragen zu, wie die zu erbringende Leistung aussehen soll, welche wichtigen Festlegungen zu beachten sind und auf was unbedingt geachtet werden muss. Wir erstellen eine Leistungsspezifikation u.U. auf Basis unseres unternehmensinternen Qualitätsmanagement-Systems. Sollte ich keine Vorlage haben, nutze ich die nachfolgende beispielhafte Gliederung. Mit ein wenig Fantasie und Anpassungen kann ich sie als Basis für die Zusammenfassung aller Erwartungen und Vorgaben nutzen.

Gliederung einer Spezifikation

1. Allgemeines
1.1 Anwendungsbereich
1.2 Heranzuziehende Dokumente und Vorschriften
1.3 Beschreibung des Objekts (Projektgegenstand)
1.4 Änderungsverfahren und Änderungsformular

2. Leistungsgüte
2.1 Funktionsbedingte Leistungsgüte
2.2 Betriebsbedingte Leistungsgüte
2.3 Konstruktive Anforderungen

3. Umwelt
3.1 Klimatische Belastungen
3.2 Mechanische Belastungen
3.3 Sonstige Belastungen

4. Schnittstellen
4.1 Übersicht
4.2 Beschreibungen

5. Prüfungen und Qualitätssicherung
5.1 Prüfarten
5.2 Prüfpläne
5.3 Zulassungsunterlagen
5.4 Prüfungsübersicht

Sollten wir zu einzelnen Punkten (noch) keine Aussage machen können, schreiben wir die Namen der Teammitglieder, Datum und »noch zu definieren« unter den betreffenden Punkt. Damit ist ersichtlich, dass hier noch etwas kommen wird. Wir zeigen auch an, an welchen Stellen wir Annahmen getroffen haben.

Reisezeit ist mehr als Flugzeit

Im Projektbüro von PB wurde wieder einmal heiß diskutiert: »Da frage ich den Arbeitspaket-Verantwortlichen, wie lange die Bearbeitung des Arbeitspakets dauert, und seine erste Ansage überschreitet er um mehr als das Doppelte. Es ist der Wahnsinn, ich erlebe das so oft, können denn die Fachleute nicht einschätzen, wie lange etwas dauert?« Heinz Anger war ziemlich frustriert, als er seiner Kollegin Kerstin Weidner sein Leid klagte. »Weißt du«, meinte Kerstin, »es ist immer das Gleiche, ich habe das neulich so ähnlich erlebt. Allerdings war ich der Falschschätzer bzw. Missversteher.

Ich habe meiner Tochter ein neues Handy geschenkt. Morgens, ich war gerade auf dem Sprung ins Taxi zum Flughafen, fragte sie mich, wie lange es dauern würde. Ich dachte, sie meinte den Flug, und damit war meine Antwort klar: ›Circa eine Stunde, mein Schatz.‹ Später am Tag rief sie mich an und beschwerte sich, dass ich nicht wie angekündigt erreichbar gewesen wäre. ›Was ist denn passiert? Warum war dein Handy immer aus? Ich dachte, dir wäre etwas passiert, ich konnte mich in der Schule nicht richtig konzentrieren. Ich hatte solche Angst um dich.‹ Meine Kleine war total durch den Wind«, ergänzte Kerstin Weidner.

»Was war denn das Problem?«, wollte Heinz Anger wissen.

»Na eigentlich gab es kein wirkliches Problem, nur ein Missverständnis. Die reine Flugzeit betrug eine Stunde, die Reisezeit, welche meine Kleine eigentlich interessiert hätte, war viel länger.« »Logisch«, meinte Heinz, »da kommen die Anfahrt zum Flughafen, Einchecken, Personenkontrolle, Wartezeit, Einsteigezeit... Das alles vor dem Flug. Und dann, nach dem Landen mit dem Shuttlebus zum Terminal fahren, Gepäckausgabe und der Weg zum Taxi, dann liegst du lässig bei drei Stunden.« »Genau, und von drei Stunden war nie die Rede! Schon haben wir ein echtes Kommunikationsproblem.«

»Das zeigt uns aber auch etwas Wichtiges. Viele Leute sehen nur die Realisierungszeit – wie eben du die reine Flugzeit –, vernachlässigen aber den Vor- und den Nachlauf, beides Blöcke, die Zeit, zum Teil sehr viel Zeit kosten.« Heinz fügte hinzu: »Das zieht sich oft wie ein roter Faden durch ein Projekt, d.h., es betrifft Arbeitspakete, Teilprojekte oder sogar das Projekt als Ganzes. Ja, da wird eine große Sache losgetreten und die Frage der Projektdauer wird auf die Realisierung des Projekts reduziert, wo es doch noch Schritte davor und danach zu beachten gibt.«

Kerstin spann den Faden weiter: »Das wäre doch eigentlich über ein Phasenmodell sehr gut darstellbar. Wir könnten bei unseren Projekten fast immer einen Standard unterlegen. In der Startphase müssen z.B. alle Ideen und Bedürfnisse, Wünsche und Vorstellungen, Begrenzungen und Sachzwänge in Projektziele umgewandelt werden. Die Leistung muss näher spezifiziert, die Kosten und Termine näher untersucht und in eine Planung überführt werden. Und dann bedarf es ja auch noch der Projektorganisation. Das alles muss bearbeitet werden, bevor die Projektrealisierung erfolgen kann. Und auch nachdem eine Leistung erbracht wurde, ist unser Projekt noch nicht abgeschlossen. Jetzt kommen die notwendigen Korrektur- und Verbesserungsmaßnahmen, die eigentlich immer anfallen.«

»Ja«, sprudelte es aus Heinz heraus, »das Kosten-Controlling muss abgeschlossen werden. Dies kann erst nach vollständiger Leistungserbringung erfolgen.« Er deutete auf seinen Geldbeutel. »Da haben wir reingegriffen, wissen aber leider noch nicht genau, was wir rausgenommen haben bzw. was noch drin ist.«

»Das fast beendete Projekt könnte uns noch so viel sagen und die Grundlage für eine verbesserte Projektarbeit in der Zukunft liefern.« »Das können wir doch einfach umsetzen, wir müssen ab sofort bei unseren Projekten nur die Projektbewertung als letzten Arbeitsschritt ans Ende des Projektabschlusses setzen. Damit haben wir die Bereiche auf dem Tisch, die wir beim nächsten Mal anders bearbeiten, und die Bereiche, die wir wieder so bearbeiten würden. Bei all dem können wir danach realistische Zeitschätzungen vornehmen, weil wir den Vor- und Nachlauf in unsere Bewertung mit einfließen lassen. Das geht beim Arbeitspaket, Teilprojekt und Gesamtprojekt«, fügte Kerstin lächelnd hinzu.

»Gleichzeitig ist es ab sofort nicht mehr notwendig, den Stab über unsere Kollegen zu brechen, weil ein Kommunikationsproblem ausgeschlossen werden kann und damit viel Ärger erspart bleibt«, sagte Heinz Anger zufrieden.

Fortsetzung folgt.

Erkenntnisse

○ Eine Arbeitssequenz besteht immer aus Vorbereitung, Durchführung und Abschluss – Reisezeit ist mehr als Flugzeit!

○ Missverständnisse können rasch zu Konflikten führen.

○ Wehret den Anfängen, d.h., lasst uns gleich richtig miteinander sprechen und klären, von was wir reden.

○ Probleme treten in ähnlicher Form auf unterschiedlichen Ebenen auf.

P.S.: Für einen Menschen ohne Ziel ist jeder Weg der richtige!

Wissen Sie, dass Sie nach Santiago müssen?

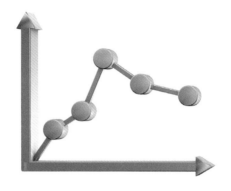

Phasenmodell

Erstellung des Phasenmodells im Team

Jetzt ist es an der Zeit, das Projekt in Richtung Kosten und Zeit zu planen. Ein einfacher, aber wirkungsvoller Ansatz ist die Erstellung eines Phasenplans.

Phasenplan für das Projekt
Datum der Phasenplanerstellung, Teilnehmerkreis

Ablauf des Workshops
Festlegen der Phasen und Ergebnisse je Phase, hierbei hilft u.U. ein Standardphasenmodell
Teamarbeit   15 min

Projektstart und Projektplanung

▼

Phasengliederung für Investitionsprojekte	Phasengliederung für Organisationsprojekte	Phasengliederung für Produktentwicklung
Engineering ▼	Ist-Analyse ▼	Markt- und Eigenanalyse ▼
Behördenverfahren ▼	Zielplanung ▼	Machbarkeitsstudie ▼
Beschaffung ▼	Soll-Konzeption ▼	Produktentwicklung ▼
Bau und Montage ▼	Pilotanwendung ▼	Produkttest und Freigabe ▼
Inbetriebnahme ▼	Evaluierung Pilotversuch ▼	Null-Serie ▼
Schulung und Dokumentation ▼	Umsetzung Gesamtkonzept ▼	Planung und Markteinführung
Planung der Nutzung	Schulung	

▼

Projektevaluierung und Projektende

Abschätzen der Dauer und Kosten je Phase
Einzelarbeit   5 min

Zusammenfassung der Ergebnisse, Tabelle und Grafik erstellen
Teamarbeit   20 min

Planungsergebnisse des Workshops

Nachfolgend sind eine Tabelle und die dazugehörige Grafik dargestellt.

Tabelle

Phase	Ergebnisse der Phase	Dauer	Kosten
——	≡≡≡	——	——

Grafik

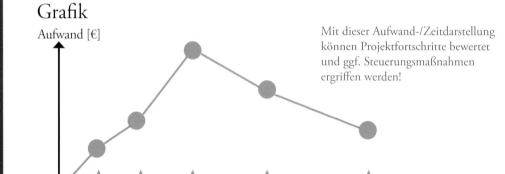

Mit dieser Aufwand-/Zeitdarstellung können Projektfortschritte bewertet und ggf. Steuerungsmaßnahmen ergriffen werden!

88

Erkenntnisse und weitere Schritte

○ **Vorgaben**

Ohne klare Benennung der Phasen und saubere Definition der Ergebnisse am Ende der Phase wird es Probleme beim Schätzen des Aufwands und der Zeiten geben.

○ **Schätzverfahren**

Vor dem Schätzen müssen wir definieren, ob im Top-down- oder Bottom-up-Verfahren geschätzt werden soll.

○ **Grenzen des Phasenmodells**

Lange laufende, überlappende und/oder kostenintensive Phasen erfordern i.d.R. die Erstellung eines Projektstrukturplans.

Projektplanung im Team

Dr. Riemer und Jörg Straßer saßen bei ihrem wöchentlichen Feedbackgespräch zusammen. »Das Schlüsselelement der Projektplanung ist der PSP, kurz für Projektstrukturplan«, referierte Dr. Riemer. »Gut, aber leider habe ich keine Ahnung, wie dieser Plan aussieht, geschweige denn, wie ich diesen Plan aufstellen kann«, warf Dr. Straßer ein.

»Nun«, meinte Dr. Riemer, »lassen Sie mich eine kleine Geschichte über ein Anlagenbauprojekt erzählen, das ich vor einigen Jahren in unserem Hause leiten durfte. Ich hatte gerade einen ersten Statusreport in der Baubaracke abgenommen und wollte mir als Nächstes einen Überblick vor Ort verschaffen. Ich trat ins Freie …«

PROJEKT STRUKTUR PLANUNG

MASSNAHMEN PLANEN UND UMSETZEN

WIE KRIEGEN WIR NUR DIESES CHAOS IN DEN GRIFF?!

WIR BRAUCHEN MEHR STRUKTUR!

EINS NACH DEM ANDERN!

DAS ERINNERT MICH AN EINE GESCHICHTE!

DAMALS IN DEN NEUNZIGERN. ICH WAR GERADE ZUHAUSE NACH EINER HARTEN WOCHE UND WOLLTE NUR NOCH RUHE!

SAG MAL, WARST DU IN LETZTER ZEIT MAL AUF DEM DACHBODEN?

JA, NA KLAR! DA SIND UNSERE AUSRANGIERTEN MÖBEL, UNSERE UNSORTIERTEN FOTOS ETC...

DARAUF WILL ICH NICHT HINAUS! ICH WEISS, WIE ES DA OBEN AUSSIEHT!

WEISST DU EIGENTLICH, DASS UNSERE KINDER JENS UND SUSE NUR EIN GEMEINSAMES KINDERZIMMER HABEN?

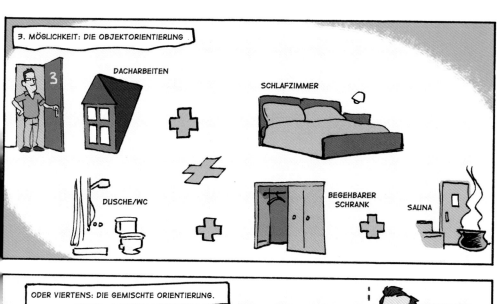

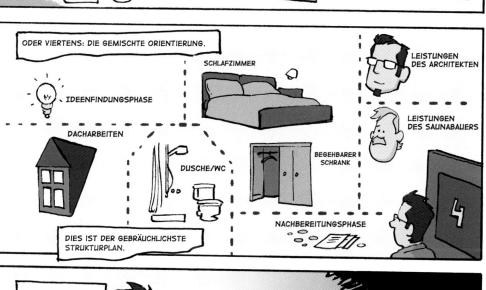

»Sehen Sie, Herr Straßer, so könnte der PSP aussehen.« Dr. Riemer drehte ihm ein Blatt Papier mit einer MindMap-Struktur hin. Er fügte mit ein paar Strichen ein Organigramm hinzu und sagte: »Und so kann er von der Darstellung als MindMap in eine Strukturabbildung umgewandelt werden. Sie sehen alle relevanten Arbeitspakte für Ihr Vorhaben und können diese einerseits recht problemlos an die Verantwortlichen übergeben, die auf dieser Basis eine Detailplanung vornehmen können. Andererseits ist es auch möglich, die Arbeitspakete zu Teilprojekten zusammenzufassen.

Für den PSP gibt es mehrere Ordnungsmöglichkeiten und bei Anwendung der funktionalen Organisation können Sie die Verantwortlichen für einzelne Teilprojekte leicht aus der Darstellung der Unternehmensorganisation ableiten.« »Das ist ja ganz ausgezeichnet und bringt mich gut weiter«, sagte Jörg Straßer lächelnd. »Und das geht noch weiter«, meinte Dr. Riemer. »Sie können aus dem Projektstrukturplan, dem Königsplan des Projektmanagements, den Ablaufplan, den Projektorganisationsplan und den Kostenplan ableiten. Darüber hinaus schaffen Sie sich auch die Basis für die Risikoanalyse.« »Ja, das sehe ich«, sagte Dr. Straßer. »Aber ich würde doch am liebsten gleich in die Feinplanung einsteigen, um Zeit zu sparen. Was denken Sie?«

»Sie können das tun, aber wissen Sie denn, was in den jeweiligen Arbeitsbereichen getan und bearbeitet werden muss, damit Sie ein gutes Projekt realisieren können?«, gab Dr. Riemer zu bedenken.

»Ehrlich gesagt, nein. In viele Bereiche des Projekts besitze ich keinen Einblick. Da weiß ich zu wenig oder nichts. Leider, leider«, sagte Jörg Straßer. »Nun, das ist doch keine unlösbare Herausforderung. Sie haben doch Ihre Stakeholder-Analyse durchgeführt und dabei erkannt, wer für die Projektrealisierung benötigt wird. Ich schlage vor, wir berufen nun eine Besprechung mit den Fachabteilungsleitern ein und bitten diese um Benennung von Mitarbeitern mit entsprechender Fachkenntnis. Diese Mitarbeiter laden Sie zu einem Planungsworkshop ein. Sie müssen dort nur die Frage klären:

Mit dem benannten Team führte Jörg Straßer einen Planungs-workshop durch. Am Ende stand ein recht brauchbarer Projektstruk-turplan für die weitere Arbeit zur Verfügung. Vom Ergebnis waren dann alle Teammitglieder doch sehr überrascht. Viele Dinge wurden diskutiert, an die so nie gedacht worden wäre, z.B. die Themen Ar-beitssicherheit, Projektmanagement als wesentliches funktionales Aufgabenfeld und separates Teilprojekt, aber auch die Einbindung der Abteilung Marketing bei der Erstellung der Leistungsspezifi-kation oder das Engagement eines Fachanwalts zur Prüfung der Pa-tentsituation.

Fortsetzung folgt.

Erkenntnisse

○ Lose Strukturen und Termindruck führen zu mangelhafter Planung.

○ Besonders bei der Planung eines Projekts ist die frühzeitige Einbindung der Mitarbeiter wichtig.

○ Bei Nutzung der richtigen Planungswerkzeuge kann die Planungsarbeit als segensreich empfunden werden.

○ Gute Planung sorgt für einen erheblichen Erkenntniszugewinn.

○ Planung im Team schafft Motivation bei allen Beteiligten.

○ Die Bearbeitung der Arbeitspakete bewirkt mehr Autonomie und mehr Handlungsspielraum bei den einzelnen Mitarbeitern.

○ Die Erkenntnisse und die ganzheitliche Sichtweise, die bei der Projektstrukturplanung gewonnen werden, liefern die Basis für weitere Planungsschritte, aber auch für die soziale Unterstützung der Kollegen im Team.

○ Auch auf der Beziehungsebene können schnell wesentliche Erkenntnisse gewonnen und für die folgende Projektarbeit genutzt werden: Wer ist loyal und integer? Habe ich die Deckung durch das Topmanagement? Haben wir das gleiche Grundverständnis von Projektarbeit?

○ Das Erstellen des Projektstrukturplans im Team gibt Antworten weit über alles Fachliche hinaus.

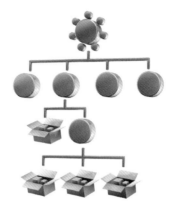

Projektstrukturplan

Manches Projekt erfordert die Planung von Arbeitspaketen (AP), diese entstammen dem Projektstrukturplan (PSP).

Diese Schritte sind notwendig, wenn:

- im Phasenplan Überlappungen, kosten- und/oder zeitintensive Phasen existieren.
- Befürchtungen bzgl. der Projektumsetzbarkeit bestehen.
- erhebliche Risiken vorhanden sind.

Erstellung des PSP in Teamarbeit ...

Datum der PSP-Erstellung, Teilnehmerkreis (wenn möglich sind hier Mitarbeiter einzubinden, die aus ihrem Fachgebiet Wissen und Erfahrung, d.h. Kompetenz einbringen können).

Ablauf des Workshops

Die Frage für diesen Workshop lautet: »Was ist zu tun, um die Aufgabe zu lösen?«

Achtung: Die Antworten geben zunächst keine Aufschlüsse über zu erwartende Kosten bzw. erforderliche Zeiten. Dafür wird das im Folgenden auszuarbeitende Arbeitspaket benötigt.

Jedes Teammitglied schreibt die Antworten auf, wobei darauf geachtet werden sollte, dass nicht nur Hauptwörter verwendet, sondern genaue Tätigkeiten beschrieben werden (**falsch:** Aufstellungsplan, **richtig:** Aufstellungsplan erstellen). Dabei wird eine klassische Kreativitätstechnik, das Brainwriting, eingesetzt. Natürlich kann der erste Arbeitsschritt z.B. mittels MindMapping erledigt werden. Alle Antworten werden nachfolgend auf MetaPlan-Karten übertragen.

Einzelarbeit   20 min

Ein Moderator wird benannt. Dessen Aufgabe besteht darin, mit dem Team einzelne Antworten zu Clustern zusammenzufassen und Überschriften für die Cluster zu finden. Sind alle Themen gegliedert, kann zusätzlich die Erweiterbarkeit (neue Überschriften) und Vertiefungsfähigkeit (neue Aufgaben) überprüft werden, um die Vollständigkeit zu erhöhen.

Moderierte Teamarbeit   25 min

Bei besonders kritischen Projekten kann es hilfreich sein, den PSP in unterschiedlichen Orientierungen darzustellen (phasen-, funktions-, objekt- oder gemischtorientiert), um eventuelle Leerstellen aufzulösen.

Moderierte Teamarbeit   25 min

Arbeitsschritte nach dem Workshop

Das Ausformulieren der Arbeitspakete wird delegiert.

Mal wieder ein »Ja, aber …«

Nachdem Dr. Straßer seinen Teammitgliedern die Vorgehensweise zur Erstellung des Projektstrukturplans erläutert hatte, meldete sich Karsten Feldmann zu Wort. »Mit dieser Vorgehensweise«, kommentierte er, »nehmen wir doch die ganze Kreativität aus unserem Team, ganz abgesehen vom unnötigen Zeitaufwand.« Gabi Haus widersprach Karsten Feldmann sofort. »Das ist keineswegs so! Dass die Kreativität im Chaos wächst, ist doch nur ein weit verbreiteter Irrtum. Dass wir Herr oder Herrin unserer Sinne sein müssen, hat schon Goethe gewusst, doch in einer chaotischen Situation ist das leider kaum jemand.« »Ja, für Ideen braucht es Zeit und Organisation«, bestätigte Wilfried Rose. »Ich finde die Idee gut! Lasst uns erst einmal alle Antworten zur Frage, was zu tun ist, um die Projektaufgabe zu lösen, auf ein Stück Papier schreiben. Da können wir wenigstens in Ruhe nachdenken.« »Genau, und wenn wir dann die Ideen gesammelt haben, organisieren wir das Projekt und geben ihm Form, Gestalt und einen soliden Ablauf«, fügte Gabi Haus hinzu.

In den folgenden Stunden wechselten sich Arbeitsschritte in Einzelarbeit und Teamarbeit ab und es entstand in einer angenehmen und konstruktiven Arbeitsumgebung der Projektstrukturplan. Jörg Straßer hielt sich fachlich und inhaltlich weitestgehend aus der Arbeit heraus. Er sah seine Aufgabe in der Moderation der Arbeitsgruppe. Die Basis für eine gute, teamorientierte Projektarbeit war damit gelegt.

Um die Sache rund zu machen, schlug Jörg Straßer seinem Team vor, in zwei Tagen gemeinsam die Planung zu überprüfen. Dieser Vorschlag wurde akzeptiert. Um sich auf den zweiten Termin vorzubereiten, verteilte man schon jetzt die Arbeitspakete, damit sich die Teammitglieder vorab Gedanken dazu machen konnten.

Fortsetzung folgt.

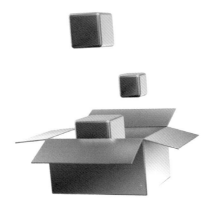

Arbeitspaket

Arbeitspaketformular

Projekt:
Projektphase:
AP-Titel und AP-Nr:

1 aus PSP

Beschreibung des AP:
Ergebnis des AP:
Voraussetzungen und notwendige Zulieferungen:
Zu beachtende Schnittstellen, Normen und Standards:

2 Expertise

Aktivitäten	Mitarbeiter	Dauer (h, d)	Aufwand (MA-h, MA-d)	sonst. Aufwand	Kosten

3 Planung

4 Fixierung

5 Schätzung

6 Berechnung

7 Berechnung

8 ggf. aus Vertrag

Anfangstermin: Endtermin: Gesamtkosten:

Beteiligte Mitarbeiter:

Verantwortlich:

Das AP ist einem Angebot vergleichbar, und wie das Angebot dient es zur Planung, Kontrolle und Bewertung von Arbeitsleistungen. Die Ausformulierung von AP ist keine Teamarbeit. Es bietet sich an, diese Aufgabe dem jeweiligen AP-Verantwortlichen zu übertragen. Wenn die AP ausgearbeitet sind, können Plausibilitätschecks erfolgen und weitere Abstimmungen vorgenommen werden.

Vom Projektstruktur- zum Ablaufplan

Im zweiten Workshop besprach das Team die einzelnen Arbeitspakete und konnte noch offene Punkte identifizieren. An einigen Stellen gab es Dopplungen in der Planung. Diese klärten bereits kurze Diskussionen, denn jeder war gut vorbereitet. Alles schien zu stimmen: Die relevanten Arbeitspakete waren gefunden und richtig verteilt.

»Um nun einen prozessorientierten Ablaufplan zu erhalten«, erklärte Jörg Straßer, »müssen wir die Arbeitspakete in eine Ablaufreihenfolge bringen und die vorliegenden Abhängigkeiten berücksichtigen.« Das Team ging daran, die PSP-Struktur aufzulösen, wobei die meisten Arbeitspakete recht problemlos sortiert werden konnten.

Es hatte bereits den Anschein, als ob die Sache in kurzer Zeit vollendet werden könnte. Doch dann brachte Karsten Feldmann einige neue Überlegungen ein, die die bisherigen Planungen über den Haufen warfen. Diese Ideen gingen insbesondere dem besonnenen Wilfried Rose zu weit, und nach hitziger Diskussion blieben fünf Arbeitspakete übrig, über deren zeitliche Einordnung man keinen Konsens erreichen konnte. Auch einige Schlichtungsversuche von Gabi Haus brachten keinen Erfolg. Man verständigte sich im Team darauf, bei der Erstellung die erkannten kritischen Arbeitspakete nicht zu berücksichtigen, also auf eine Minimallösung. Diese Arbeitspakete sollten dann beim nächsten Workshop, nachdem sich die Gemüter beruhigt hätten, noch einmal diskutiert werden.

Dr. Straßer wollte dazu Werkzeuge und Methoden mitbringen, um auf jeden Fall eine Lösung zu erzielen, falls auch die erneuten Diskussionen keine Klarheit brächten. Karsten Feldmann und das Team waren damit einverstanden.

Software-Einsatz oder der erste Schritt zum Kontrollfreak

Jetzt brachte Karsten Feldmann noch einen neuen Vorschlag ins Spiel, die Projektarbeit im Allgemeinen betreffend. »Seit einiger Zeit haben wir ein Softwarepaket für Projektmanagement im Unternehmen«, erläuterte er. »In unseren AP-Definitionen haben wir den fein detaillierten Ablauf innerhalb der Arbeitspakete beschrieben. Ich schlage vor, alle Vorgänge aus den Arbeitspaketen zu nehmen und diese im Softwaretool darzustellen. Wir können dann genau sehen, wo wir im Projekt stehen, welche AP Probleme bereiten etc.« Dr. Straßer fand die Idee gut, wollte sie aber erst im kleinen Kreis mit Kollegen aus dem PM-Büro besprechen, die mit der Arbeit mit dem Projekt-Softwaretool bereits einige Erfahrungen gesammelt hatten.

Fortsetzung folgt.

Erkenntnisse

○ Chaos sollte niemals mit Kreativität verwechselt werden.

○ Unter Zeitdruck denken Menschen nicht schneller, d.h., gerade bei kreativen Arbeitsschritten muss man Zeit zum Denken lassen.

○ Der Kreativitätsprozess kann durch Teamarbeit gefördert werden, bedarf dann aber klarer Strukturen.

○ Wenn im Team nicht immer die gleiche Meinung vorherrscht, ist das noch lange kein Konflikt.

○ Menschen, die mit neuen Ideen kommen, sind keine Feinde des Projektteams, sondern in der Regel Promotoren neuer Lösungen.

○ Man muss nicht auf jede Idee sofort anspringen.

○ Im Zweifel ist eine Rückfrage bei Leuten, die mehr Erfahrung haben, hilfreich.

○ Wenn es nicht sofort eine Entscheidungsbasis gibt – einfach eine Nacht drüber schlafen.

Ablauf-/Terminplan

Die Zeitdauer und Abhängigkeiten der Arbeitspakete (AP) werden zur Ablauf- und Terminplanung herangezogen.

1. Schritt
AP in Ablaufreihenfolge bringen

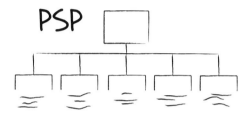

und die Verbindung zwischen den AP herstellen.

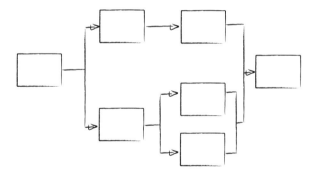

2. Schritt
Wurden AP vergessen? Gegebenenfalls die fehlenden AP definieren und einfügen (in den PSP, nach Kostenbewertung in die Kostenplanung und in den Ablaufplan).

115

3. Schritt

Dauer (D) der AP in den Ablaufplan einbringen.

4. Schritt

Vorwärts- und Rückwärtsrechnung durchführen.

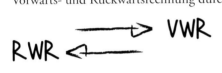

5. Schritt

Puffer berechnen und kritischen Pfad herausarbeiten.

6. Schritt

Terminierung der AP vornehmen.

7. Schritt

Problembereiche identifizieren und auflösen (z.B. durch Anpassung der Ressourcen, Zielanpassung auf der Termin- und/oder Leistungsebene).

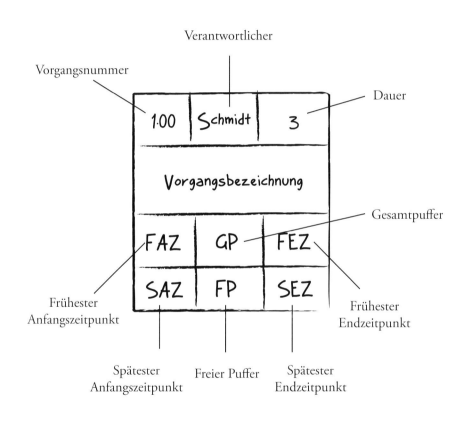

Verantwortlicher

Vorgangsnummer

Dauer

1.00 | Schmidt | 3

Vorgangsbezeichnung

Gesamtpuffer

FAZ | GP | FEZ

SAZ | FP | SEZ

Frühester
Anfangszeitpunkt

Frühester
Endzeitpunkt

Spätester
Anfangszeitpunkt

Freier Puffer

Spätester
Endzeitpunkt

Beispiel für einen Netzplan:

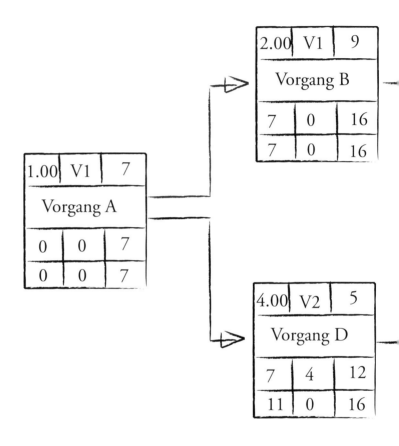

VG = Vorgang und NF = Nachfolger dieses Vorgangs

GP (Gesamtpuffer) = $SAZ_{(VG)}$ - $FAZ_{(VG)}$ = $SEZ_{(VG)}$ - $FEZ_{(VG)}$

FP = $FAZ_{(NF)}$ - $FEZ_{(VG)}$

(gilt nur für Normalfolgen mit Zeitabstand "Null")

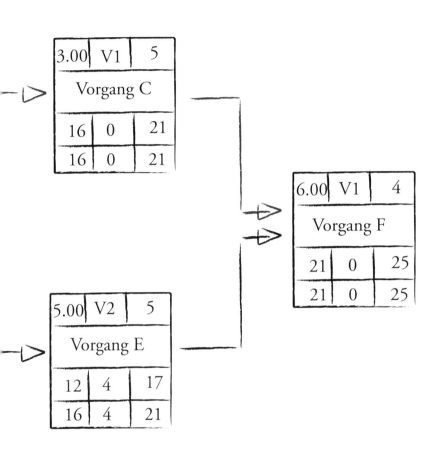

Arbeitsschritte nach der Ablauf- und Terminplanung
Wir nehmen nun die Kosten-/ Budgetplanung vor.

Immer vorbereitet sein – Relevanzmatrix

Es kam, wie Jörg Straßer insgeheim befürchtet hatte: Auch im nächsten Workshop konnten nach hitzigen Diskussionen die strittigen fünf Arbeitspakete nicht in eine zeitliche Reihenfolge gebracht werden. Er hätte jetzt das Wort an sich reißen und eine Entscheidung treffen können. Als Projektleiter hatte er die nötigen Machtbefugnisse. Ihm war jedoch sofort klar, dass er damit jenen Teil seines Teams verlieren würde, der eine andere Meinung vertrat.

Er entschloss sich, das Wort zu ergreifen, aber nicht, um eine Entscheidung zu treffen, sondern um dem Team einen Vorschlag zu unterbreiten. Schließlich hatte er versprochen, die notwendigen Werkzeuge bereitzuhalten, um eine Lösung ohne direkte Anweisung herbeizuführen. Er ließ jedes Mitglied eine Stimmkarte anfertigen. Auf die eine Seite sollte eine gut leserliche Null, auf die andere Seite eine Eins geschrieben werden. Gleichzeitig betonte er noch einmal sein Motto für die Abstimmung: »Meetings laufen unter Gleichen! Es gibt keine hierarchischen Abstufungen. Wissen Sie, häufig haben wir Dissens, weil wir auf unterschiedlichen Ebenen unterwegs sind oder das Thema einfach zu komplex ist.« Während er das sagte, listete er die fünf strittigen Arbeitspakete auf dem Flipchart untereinander auf. Er schrieb darüber:

Was ist dringlicher?

»Diese Einstiegsfrage bringt uns zur Ablauforientierung, welche hier ja unser Kernproblem darstellt. Nun werden wir uns immer zwei Arbeitspakete ansehen und die Einstiegsfrage stellen. Nach dem der-

120

zeitigen Stand der Dinge haben wir das Thema sehr ausführlich besprochen. Ich gehe also davon aus, dass alle Fakten und Meinungen gesagt und im Wesentlichen auch verstanden wurden. Ich bitte Sie, nun abzustimmen. Was ist dringlicher (Zeitbezug!): AP1 oder AP2? Vertreten Sie die Meinung, AP1 müsse zuerst erledigt werden, dann zeigen Sie mir bitte die Eins mit Ihrer Stimmkarte. Sollten Sie anderer Meinung sein, zeigen Sie mir bitte die Null.«

Die Abstimmung ergab fünf Stimmen für AP1 (Eins) und sieben Stimmen für AP2 (Null).

Jörg Straßer führte die Abstimmung fort, indem er alle AP paarweise gegeneinander abwägen ließ. Die erzielten Punkte schrieb er hinter jedes AP auf die Flipchart, was schon fast eine eindeutige Reihenfolge ergab. Nur die Spitzenposition teilten sich AP1 und AP5 mit jeweils 28 Punkten.

»Was nun?«, warf Karsten Feldmann schnippisch ein.

»Nun, es ist an uns, zu einer Lösung zu kommen, wir haben hier doch einige Optionen«, sagte Dr. Straßer. »Als Erstes sehen wir uns mal an, ob diese beiden AP nicht gleichzeitig bearbeitet werden können. Wenn ja, werden wir sie parallel beginnen und dann gemäß Abstimmung die AP4, 2 und 3 folgen lassen.«

»Nein«, entgegnete Herr Feldmann, »das geht auf gar keinen Fall!« »Gut, dann sehen wir uns an, wie die beiden AP im direkten Vergleich abgeschnitten haben. Das ist nun doch sehr eindeutig, denn daraus ist zu erkennen, das AP1 mit acht Stimmen das AP5 mit nur vier Stimmen schlägt. Aus diesem Grund schlage ich vor, die Diskussion zur Bearbeitung der fünf kritischen Arbeitspakete zu beenden und gemäß der jetzt getroffenen Festlegung die AP in den Netzplan einzuarbeiten.« Mit dem Ergebnis auf der Flipchart (Relevanzmatrix) zeigten sich alle Mitarbeiter einverstanden.

Karsten Feldmann meldete sich noch einmal zu Wort. »Ich möchte gerne meinen Vorschlag vom letzten Treffen wiederholen und die Vorgänge in das neue Softwaretool einstellen.« Dr. Straßer hatte die Zeit seit dem letzten Meeting genutzt und sich im PM-Büro informiert. Er hatte Heinz Anger als Spezialisten für das Softwaretool eingeladen. Der stellte die Software kurz vor und gab einige Detailinformationen zur Belastbarkeit des Systems.

Der PSP umfasste 128 Arbeitspakete, die im Schnitt mit 25 Vorgängen zu Buche schlugen. Dies würde also einen Ablaufplan (Netzplan) mit ca. 3.200 Vorgängen ergeben. »Die Belastbarkeit der Software scheint mir damit noch nicht ausgereizt zu sein«, meinte Herr Anger, »aus Sicht der IT-Abteilung kann das Projekt mit der Software problemlos abgebildet werden.«

»Ja, das mag wohl stimmen, aber aus Sicht der Controllingabteilung muss ich schon noch zwei Punkte einbringen, die ich doch für bedeutsam, wenn nicht sogar bedenklich halte«, warf Gabi Haus ein.

»Alle Vorgänge müssen in das Softwaretool eingearbeitet werden und das System muss laufend gepflegt werden. Dafür brauchen wir viel Zeit und wahrscheinlich einen Mitarbeiter, der sich um nichts anderes kümmert.«

»Das leuchtet mir ein, aber was machen wir mit den hochsensiblen Arbeitspaketen oder riskanten Arbeitsbereichen? Wollen wir da wirklich auf solch ein tolles Werkzeug verzichten?«, gab Herr Feldmann zu bedenken. Er fand seine Empfehlung aus der letzten Sitzung immer noch sehr gut und die genannten Argumente konnten ihn nicht von seiner Meinung abbringen.

Herrn Anger, dem Softwarespezialisten, war dieser Spagat nicht neu, deswegen machte er den Vorschlag, den Ablaufplan auf Arbeitspaketebene zu erstellen, damit das Tool eine übersichtliche Projektdarstellung gewährleisten konnte. Nur die riskanten Arbeitspakete sollten zusätzlich auf Vorgangsebene detailliert eingearbeitet werden.

Gabi Haus brachte eine zweite Variante in die Diskussion ein: »Wie wäre es, zuerst die einzelnen Phasen des Projekts einzugeben? Die aktuelle Phase könnten wir bereits auf Vorgangsebene erfassen – da haben wir alle Details vorliegen. Die folgenden Phasen werden in Arbeitspakete untergliedert und die weit in der Zukunft liegenden als Teilprojekte betrachtet. Damit reduzieren wir die einzelnen Elemente der Ablaufplanung und bleiben flexibel, wenn wir neue Erkenntnisse einarbeiten müssen. Der Ablaufplan wird quasi in rollierender Planung und mit Phasenbezug erstellt und gepflegt.«

Karsten Feldmann gefiel die Variante von Gabi Haus ganz ausgezeichnet und darauf verständigte sich dann auch das Team.

Fortsetzung folgt.

Erkenntnisse

○ Es ist wichtig, dass alle an einem Arbeitsprozess beteiligten Mitarbeiter auf der gleichen hierarchischen Ebene in das Projekt eingebunden sind.

○ Mit ganz einfachen Werkzeugen lassen sich verblüffende Ergebnisse erreichen.

○ Der Einsatz von Software muss am Ende helfen und darf nicht mehr kosten, als er nutzt.

○ Der Profi weiß zu begrenzen.

P.S.: Das Wichtige bedenkt man nie genug.

Johann Wolfgang von Goethe

Kosten-/Budgetplan

Die Kosten der Arbeitspakete können zu Kosten pro Teilprojekt, die Kosten der Teilprojekte zu Projektkosten zusammengefasst werden. Es finden damit alle Kostenblöcke Berücksichtigung für

- Mitarbeiter
- Roh-, Hilfs- und Betriebsstoffe
- Energieeinsatz
- Mieten
- Lieferleistungen
- externe Dienstleister
- Reise- und Übernachtungskosten etc.

Das Ergebnis weist jetzt einen recht klaren Wert für den zu erwartenden Kostenrahmen aus.

Es ist nun erforderlich, den erarbeiteten Wert mit

- dem Kostenwert des Phasenmodells und
- der Kostenvorgabe aus der Projektzieldarstellung

zu vergleichen.

Liegt ein Puffer vor? Prima, ich achte auf Puffer im Projekt. Wer Spielraum hat und beim Denken und Arbeiten nicht unter Druck steht, liefert bessere Ergebnisse!

Ich habe das Projekt kostenseitig nicht im Griff? Ich berufe den Lenkungsausschuss ein und kläre mit meinem Auftraggeber die Budgetfrage (bei Projekten, deren A-Priorität auf Termin und/oder Leistung liegt) oder die Reduktion des Leistungsumfanges (bei Projekten, deren A-Priorität auf Termin und/oder Kosten liegt).

Für den jetzt vorliegenden Kostenplan kann ein vorläufiges Budget in die Geschäftsplanung eingestellt werden.

Achtung! Es können sich noch Veränderungen ergeben, bedingt durch die Ablaufplanung oder Risikoabschätzung.

Arbeitsschritte nach Budgeteinstellung
Ich nehme nun die Risikoanalyse vor.

Risiken kann man nicht vorhersehen!?

»Da haben Sie Recht, lieber Herr Straßer, es ist unmöglich, Risiken vorherzusehen. Dennoch wäre es dumm, kein Risikomanagement zu betreiben.« »Ja, das sehe ich ein, aber wie soll ich mit den paradoxen Sprüchen einiger Teammitglieder umgehen? Wo sie Recht haben, haben sie doch Recht, oder sehe ich das falsch?« »Na ja, man kann Recht haben und sich dennoch irren!« »Wie jetzt, was soll das denn nun wieder bedeuten?«, wollte Jörg Straßer wissen.

»Bevor ich Ihnen mal wieder eine kleine Geschichte zum Nachdenken erzähle«, sagte Dr. Riemer, »vorneweg eine kurze Bemerkung, die später noch an Bedeutung gewinnen wird. Viele Risiken lassen sich tatsächlich erkennen und können rechtzeitig mit geeigneten Maßnahmen in den Griff bekommen werden. So lässt sich meist vermeiden, dass sie überhaupt eintreten, zumindest aber ihre Wirkung minimieren.

Andere Risiken können zwar erkannt werden, leider müssen wir im Falle ihres Eintritts mit den Konsequenzen leben, weil eine Prävention, also Vorbeugung, zu teuer wäre. In solchen Fällen sind Strategien zur Durch- oder Weiterleitung des Risikos hilfreich.« »Gut, aber an wen soll denn bitteschön ein Risiko durch- oder weitergeleitet werden?«, fragte Jörg Straßer. »Da gibt es einige Möglichkeiten, denken Sie bitte an Ihren Auftraggeber oder Ihr vorgesetztes Management, dorthin kann z.B. eskaliert werden. Da diese Managementebene mehr Verantwortung übernehmen kann, ergibt sich für den Projektleiter eine Entlastung. Aber auch Versicherungsgesellschaften sind geeignete Partner für diese Strategie. Ich möchte hier nur an Haftpflicht-, Feuer-, Sturm- und Hagelversicherungen erinnern, die greifen, wenn ein unvorhersehbares Unglück eingetreten ist. Polster in Ihrem Projekt, wie z.B. Zeitpuffer, Geldreserven oder Abstriche bei der Leistung, sind weitere Möglichkeiten, um im Falle des Risikoeintritts eine qualifizierte Arbeit machen zu können und den Projekt-fortschritt zu gewährleisten.

Nun habe ich einige Male vom Risikoeintritt gesprochen. Oft-mals ist damit kein großartiges Problem verbunden. Das Risiko ist eingetreten, die Herausforderung liegt auf dem Tisch, lassen Sie uns dann über das Thema reden und eine Lösung finden. Meist hilft es, ein wenig Geld in die Hand zu nehmen, um das Problem zu beseiti-gen. Weiter im Text und zurück zur Tagesordnung! Das ist die Devi-se«, sagte Dr. Riemer mit einem Grinsen.

»Doch in manchen Fällen ist die Sache nicht so einfach. Wir ha-ben dann vielleicht so etwas wie eine schwere Krise im Projekt, z.B. einen Unfall, bei dem es Verletzungen oder sogar Todesfälle gegeben hat. In solchen Situationen ist es unabdingbar, dass Entscheidungen sehr schnell getroffen werden. Und wer kann das leisten?«, fragte Dr. Riemer.

»Na wenn ich ein wenig darüber nachdenke«, Straßer blinzelte verschmitzt, »dann doch wohl in aller Regel der Projektleiter mit sei-nem Team.« »Richtig, aber wenn Gefahr im Verzug ist, muss der Pro-jektleiter auch alleine Entscheidungen treffen«, sagte Dr. Riemer. »Ja, das sehe ich auch so«, stimmte ihm Jörg Straßer zu.

»Konkret bedeutet dies, dass ich mich als Ihr Projektauftraggeber auf das verlassen werde, was Sie tun«, führte Riemer weiter aus. »Im Bedarfsfall können Sie sich auch auf mich verlassen, dann werde ich Ihre Entscheidungen decken und Ihnen den Rücken freihalten. Um dies ganz klarzumachen, habe ich diese Vorgehensweise genau so in unser QM-System einarbeiten lassen und Ihnen damit ganz formell für den Tag X die Entscheidungskompetenz übertragen. Zögern Sie bitte nicht. Lieber eine schnelle Entscheidung getroffen und den Wa-gen am Laufen gehalten, als durch langes Zögern den Wagen zum Stillstand gebracht. Mit einem laufenden Wagen können Sie umdre-hen und die Richtung korrigieren. Steht Ihr Wagen, ist das Wenden extrem kraftaufwendig und unter Umständen ist alles verloren.« Jörg Straßer war beeindruckt, so hatte er das noch nicht gesehen.

»Nun zu meiner kleinen Story zum Thema Risikomanagement, wie sie sich heuer im Juni bei mir in der Projektbesprechung zuge-tragen hat ...«

RiSiKO MANAGEMENT

RiSiKEN ERKENNEN UND BEWÄLTiGEN

...UND DOCH HAT ES FATALE FOLGEN, WENN WIR ES NICHT TUN...

ZEIT& REISE

18. JUNI, 423 V. CHR., IN DER NÄHE DES KLEINEN DORFES DELPHI, MITTEN IN GRIECHENLAND.

—EIN KULTPLATZ—

HM, APOLLON HAT ALSO DEN BLICK IN DIE ZUKUNFT!

MIT DER HILFE DES GOTTES APOLLON GELINGT ES, DEN BLICK IN DIE ZUKUNFT ZU WERFEN. WENN PYTHIA NUR BESSER ZU VERSTEHEN WÄRE....

* "ERKENNE DICH SELBST!" (CHILON VON SPARTA, GRIECHSCHER PHILOSOPH). DIESE INSCHRIFT AM APOLLON–HEILIGTUM IM TEMPELBEZIRK DES ORAKELS VON DELPHI GRÜSSTE EINST DIE BESUCHER.

DAS ORAKEL HAT GESPROCHEN, EDLER PRINZ!

WUSST ICH'S DOCH, GUTER RAT...

IST AUCH FÜR PRINZEN TEUER!

MIT HOHER WAHRSCHEINLICHKEIT WIRST DU MIT DEINEM VORHABEN EIN GROSSES REICH VERNICHTEN!!!

»Ja, so machen Sie das Projekt sicherer«, schloss Dr. Riemer den Ausflug in seine Projektbesprechung und nach Delphi ab. »Ich sage Ihnen, unsere Vorfahren kannten zwar keine Computer, aber sie waren dennoch sehr clever!«

Fortsetzung folgt.

P.S.: Es kommt nicht darauf an, Risiken richtig vorauszusagen, sondern auf die Risiken vorbereitet zu sein.

Erkenntnisse

○ Der PSP ist ein erstklassiges Instrument, um risikobehaftete Arbeitspakete zu erkennen.

○ Die Begründung, warum ein Risiko ein Risiko ist, ist sehr bedeutsam. Sie stellt den Schlüssel zur Risikoeinstufung dar.

○ Auch wenn es schwierig ist, Eintrittswahrscheinlichkeit (in Prozent) und Auswirkung (in Geldwerten, z.B. Euro) von Risiken zu schätzen, ist dies die Basis für die Priorisierung der riskanten Arbeitspakete.

○ Maßnahmen sind auszuarbeiten und unter Kosten- sowie Nutzenaspekten zu bewerten und auszuwählen.

○ Nach Beschäftigung mit dem größten Risiko ist die Planung anzupassen (PSP, Kosten- und Ablaufpläne etc.).

○ Bevor ein neues Risikoarbeitspaket bearbeitet wird, bitte erst checken, inwieweit sich die eingeleiteten Maßnahmen auf die bereits getroffene Risikobeurteilung auswirken. Gegebenenfalls ist die Risikoabschätzung zu wiederholen, bevor das nächste Risikoarbeitspaket mit Maßnahmen unterlegt wird.

○ Ein Risikowert des Projekts von kleiner als fünf Prozent ist anzustreben, damit man von einem sicheren Projekt sprechen kann.

○ Risikomanagement sollte zum Bestandteil der integrierten Projektsteuerung gemacht werden. Beispielsweise wäre bei Phasenübergängen das Projektteam zu befragen, um herauszufinden, wo neue Risiken auftreten könnten.

○ Wenn ein Risiko eintritt, Ruhe bewahren und Krisenmanagement betreiben.

○ Immer an Strategien des Durch- oder Weiterleitens an stärkere Partner denken.

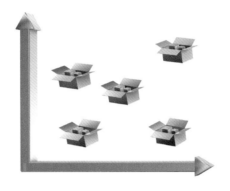

Risikoanalyse

Projekte sind immer zukunftsorientiert, damit unterliegen sie nicht vorhersehbaren Problemen oder Risiken. Wir wissen, dass es uns unmöglich ist, die Risiken vorherzusehen, dennoch wäre es töricht, auf eine Risikoanalyse zu verzichten. Wir analysieren im Team die Risiken unseres Projekts. Hierfür organisiere ich einen Workshop.

Risikoanalyse für das Projekt …
Datum der Risikoanalyse, Teilnehmerkreis

Ablauf des Workshops
Im PSP die Risikoarbeitspakete (R-AP) identifizieren
Einzelarbeit   15 min

Risiko-AP und Gründe zusammenfassen
Teamarbeit   15 min

Wahrscheinlichkeit für den Fall des Risikoeintritts [%] und Tragweite [€] abschätzen
Einzelarbeit   5 min

Durchschnitte bilden, Tabelle und Grafik erstellen
Teamarbeit   20 min

Maßnahmen für das riskanteste AP definieren
Einzelarbeit   15 min

Maßnahmen bewerten und in den PSP einarbeiten
Teamarbeit   20 min

Planungsschritte nach dem Workshop
Den PSP, die AP, die Ablauf-/Terminplanung, die Kosten- und Einsatzmittelplanung anpassen; ggf. Änderungsmanagement betreiben

Für diese Form der Risikoanalyse ist ein Team erforderlich, das mit Fachverstand und Wissen über das Projekt ausgestattet ist. Aus diesen Gründen empfiehlt es sich, den Risikoworkshop zum ersten Mal durchzuführen, nachdem der PSP erstellt und die Ablaufplanung vorgenommen ist. Während der Projektrealisierung sollte die Risikoanalyse immer bei Phasenübergängen, nach dem kritischen Review des Projekts, vorgenommen werden. Damit wird die Risikoanalyse auch zu einem Werkzeug der Projektsteuerung.

Tabelle

Risikoarbeitspaket (R-AP)	Eintrittswahrscheinlichkeit [%]	Tragweite [€]	Risikowert [€]
_____ _____	...% ...%	...€ ...€	...€ ...€

Grafik

Eintrittswahrscheinlichkeit [%]

Höchster Risikowert:
Eintrittswahrscheinlichkeit [%] * Tragweite [€]

Tragweite [€]

	Maßnahmen	Bewertung	Auswahl
1.	...	...	...
2.	...	...	...
3.	...	...	...

Die Auswahl kann mit einer Kosten-Nutzen-Bewertung unterlegt werden.

Wer wird Millionär?

Jörg Straßer machte es sich gerade im Wohnzimmersessel bequem, als Sabine in die Fernsehshow »Wer wird Millionär?« zappte. Schon kam die Frage an den Kandidaten: »Wie hieß der Schwiegervater von Moses?«

»Na, das ist ein Hammer! Das Ganze ohne Joker und mit Stress bis unter die Haarspitzen. Mit dem Eine-Million-Euro-Aspiranten möchte ich jetzt nicht tauschen«, meinte Jörg Straßer sehr beeindruckt. Ein Gong läutete das Ende der Sendung ein; die vier Lösungsvarianten konnten nicht mehr vorgestellt werden.

»Na, sind wir neugierig?«, fragte Sabine, während sie schon nach der Bibel griff, die im Bücherregal stand. »Zweites Buch Moses – Exodus«, sagte sie lächelnd und Jörg war erstaunt über Allgemeinwissen und Bibelfestigkeit seiner Frau. »Hier ist es.« Mit einem Fingerzeig reichte sie die Bibel an Jörg weiter und der begann laut zu lesen. »Zweites Buch Moses, 18. Kapitel, Vers 13 bis 27 …«

… Jethros guter Rat

18,13 Und es geschah am Tag darauf, da setzte Moses sich nieder, um dem Volk Recht zu sprechen. Und das Volk stand bei Moses vom Morgen bis zum Abend.

18,14 Als aber der Schwiegervater des Moses alles sah, was er mit dem Volk tat, sagte er: »Was ist das, das du mit dem Volk tust? Warum sitzt du allein da, während alles Volk vom Morgen bis zum Abend bei dir steht?«

18,15 Moses antwortete seinem Schwiegervater: »Weil das Volk zu mir kommt, um Gott zu befragen.

18,16 Wenn sie eine Rechtssache haben, dann kommt es zu mir, und ich richte zwischen dem einen und dem andern und gebe ihnen die Ordnungen Gottes und seine Weisungen bekannt.«

18,17 Da sagte Moses Schwiegervater zu ihm: »Die Sache ist nicht gut, die du tust.

18,18 Du reibst dich auf, sowohl du als auch dieses Volk, das bei dir ist. Die Aufgabe ist zu schwer für dich, du kannst sie nicht allein bewältigen.

18,19 Höre nun auf meine Stimme, ich will dir raten, und Gott wird mit dir sein: Vertritt du das Volk vor Gott, und bringe du die Sachen vor Gott.

18,20 Belehre sie über die Ordnungen und Weisungen und zeige ihnen den Weg, den sie gehen, und das Werk, das sie tun sollen.

18,21 Du aber suche dir aus dem ganzen Volk tüchtige, gottesfürchtige Männer aus, wahrhaftige, zuverlässige Männer, die dem Geiz feind sind und den ungerechten Gewinn hassen, und setze sie über sie: Oberste von Tausend, Oberste von Hundert, Oberste von Fünfzig und Oberste von Zehn,

18,22 damit sie dem Volk jederzeit Recht sprechen! Und es soll geschehen, dass sie jede große Sache vor dich bringen, jede kleine Sache aber selbst richten. Auf diese Weise entlaste dich, und sie mögen [es] mit dir tragen!

18,23 Wenn du dies tust und Gott es dir gebietet, dann wirst du bestehen können, und auch dieses ganze Volk wird in Frieden an seinen Ort kommen.«

18,24 Und Moses hörte auf die Stimme seines Schwiegervaters und tat alles, was er gesagt hatte.

18,25 So wählte Moses denn aus ganz Israel tüchtige Männer aus und machte sie zu Oberhäuptern über das Volk: Oberste von Tausend, Oberste von Hundert, Oberste von Fünfzig und Oberste von Zehn.

18,26 Diese sprachen dem Volk jederzeit Recht: jede schwierige Sache brachten sie vor Moses, jede kleine Sache aber richteten sie selbst.

18,27 Darauf ließ Moses seinen Schwiegervater ziehen, und dieser ging wieder in sein Land.

Straßer war außer sich: »Jethros guter Rat, das ist ja unglaublich, der Wahnsinn ist das.« »Was ist denn los, warum bist du denn so aus dem Häuschen? Du hast doch keine Million gewonnen«, wunderte sich seine Frau. Jörg las die Bibelstelle ein zweites Mal. Er las laut vor und schrieb auf, was er auf einmal glasklar erkennen konnte. »Der Mann war genial. Er hat alles ausgesprochen, was für eine Projektorganisation von Bedeutung ist, unglaublich!«

PROJEKT ORGANISATION

ZUSAMMENARBEIT REGELN

28. JUNI 1261 V. CHR., 10:30 UHR

Erkenntnisse

○ Der Projektleiter bildet mit dem Auftraggeber bzw. seinem Topmanager einen Lenkungsausschuss für sein Projekt.

○ Der Projektleiter orientiert sich an einem PM-Handbuch und unterweist seine Mitarbeiter im Umgang mit diesem Regelwerk.

○ Für das Projekt werden Teilprojektleiter eingesetzt und ein Projektorganisationsplan erstellt.

○ Der Projektleiter achtet auf ethisch und moralisch einwandfreies Verhalten. Die betrifft jede Stelle und jeden Mitstreiter des Projekts, vom Topmanager bis zum AP-Verantwortlichen.

○ Die Führungsspanne ist zu beachten; bei einer Gruppengröße von zehn Mitarbeitern ist über eine Teilung nachzudenken, da ab dieser Größenordnung die Führung schwierig wird.

○ Verantwortung muss auf die Ebene delegiert werden, auf der die Ausführung erfolgt.

○ Mitarbeiter müssen zum selbstständigen Handeln ermächtigt werden.

○ Ein Eskalationsprozess und Eskalationsschwellwerte sind zu definieren.

○ Und weil jeder Projektleiter einmal zum Bergwandern gehen oder am Meer Urlaub machen will, wegen einer Krankheit oder Geschäftsreise ausfallen kann, braucht er einen Stellvertreter!

Arbeitspaketverantwortliche und Teilprojektleiter

Um das Arbeitspaket umfassend abgedeckt zu wissen, machte sich Karsten Feldmann daran, alle Tätigkeiten aufzulisten, die er am Tag so durchführte. Anschließend sah er sich einige potenzielle Mitarbeiter an, die ihn bei seinen Aufgaben unterstützen konnten. Am Ende fiel seine Wahl auf die Werkstudentin Sandra.

Sandra stand kurz vor dem Abschluss ihrer Diplomarbeit, sie war intelligent und sehr motiviert. Das erste Gespräch mit ihr verlief sehr gut. Er wusste, dass er mit Sandra die richtige Mitarbeiterin gefunden hatte.

Karsten Feldmann wurde nach der Arbeit immer von seiner Frau Judith abgeholt. Manchmal musste Judith auf ihren Karsten warten, und da sah sie Sandra.

Nach einigen Tagen stellte Sandra fest, dass sich ihr Chef sehr eigenartig verhielt. Er zog sich zurück, war wenig kommunikativ und seine Anweisungen wurden insgesamt sehr merkwürdig. Sandra erkannte eine feine, aber gravierende Änderung in ihrem Arbeitsumfeld. Sie vermutete, dass von Judith ausgehende Eifersüchteleien der Grund dafür waren. Sandra hatte eine Idee.

Freudestrahlend hielt sie Karsten ihre Hand unter die Nase und zeigte ihm den Silberring an ihrem Ringfinger. »Rat mal! Seit Samstag bin ich mit meiner ›Fernbeziehung‹ Holger verlobt. Ich bin so glücklich!!!«

Von nun an war die Kommunikation mit Judith toll. Sie stieg auch schon mal aus dem Auto und hielt einen ausführlichen Ratsch mit Sandra. Aber die Zusammenarbeit mit Karsten wurde immer problematischer. Mit der Ausführung der Arbeit wurde er immer unzufriedener, er mäkelte an allem herum und ließ auch gute Vorschläge von Sandra unbeachtet.

Er beauftrage sie u.a. mit der Erstellung einer Präsentation zu einem (wie er wissen musste) für Sandra unbekannten Thema. Motiviert machte sich Sandra an die Erstellung der Präsentation und ging mit dem ersten Entwurf ging zu Gabi Haus, die sich mit dem Thema auskannte. Die hilfsbereite Kollegin hatte gute Vorschläge und Tipps und half Sandra, das Ergebnis zu verbessern. Außerdem gab sie Sandra den Tipp, sich in Softwarefragen an Heinz Anger aus dem PM-Büro zu wenden.

Auch diesen netten Menschen konnte Sandra zur Unterstützung gewinnen, und nach kurzer Zeit hatte sie eine sehr, sehr gute Präsentation erarbeitet. Das Ergebnis wollte sie Karsten Feldmann vorstellen. Da sie ohnehin in sein Büro gerufen worden war, hatte sie den Laptop unter dem Arm genommen und war damit präsentationsfähig – und sehr stolz auf ihre Tätigkeit als Netzwerkerin, Kommunikatorin und nicht zuletzt auf ihre Präsentation.

»Setz dich bitte!« In einem eher unterkühlten Ton forderte Karsten Sandra auf, Platz zu nehmen. »Wie ich erfahren habe, haben andere Leute deine Arbeit gemacht«, raunzte er sie an. »Merk dir eins, ich erwarte Teamarbeit, aber wenn ich eine Arbeit delegiere, erwarte ich auch, dass jeder seinen Job alleine erledigt. Sonst ist es mir unmöglich zu erkennen, welche Fähigkeiten der einzelne Mitarbeiter hat. Das Arbeitsergebnis deiner bisherigen Tätigkeiten will ich gar nicht mehr sehen.« Sandra schlich aus dem Büro und wusste eigentlich nicht, was sie falsch gemacht haben sollte.

Fortsetzung folgt.

Erkenntnisse

○ Ein Netzwerker ist ein Schatz, ihn muss man hegen und pflegen.

○ Um zu erkennen, was ein Mensch leisten kann, ist es nicht erforderlich, das Ergebnis seines ersten Konzepts zu begutachten.

○ Das Endergebnis zählt – und da liefern Netzwerker mehr als Einzelkämpfer.

○ Und Netzwerker bringen das Endergebnis schneller!

○ Das nicht zu erkennen, führt zu Demotivation, Frustration und innerer Kündigung.

○ Innere Kündigung eines wertvollen Mitarbeiters kann sich kein Vorgesetzter leisten.

Projektorganisation 2 –
TPL, APV

Projekte bedeuten immer Teamarbeit. Um diese zu organisieren, benötige ich als Projektleiter zunächst die Definition der Arbeitspakete. Diese kann ich aus dem PSP entnehmen. Doch wer soll bzw. kann nun mein Partner bei der Projektarbeit sein?

1. Schritt

Ich beantworte die Frage, welche Funktionseinheit meines Unternehmens oder welcher externe Partner das AP bearbeiten könnte. Ich übernehme diese Stelle oder Firma in den PSP und erzeuge damit einen ersten Projektorganisationsplan (POP) mit Zuweisung der Teilprojektleitungen bzw. AP-Verantwortlichkeiten.

2. Schritt

Bei einigen AP werde ich ein Mitarbeiterprofil erstellen müssen, um den erforderlichen AP-Verantwortlichen definieren zu können. Als Unterstützer für diese Aufgabe kann ich vielleicht den Auftraggeber, die Personalabteilung und/oder (für den Fall, dass der Auftraggeber dem zugestimmt hat) einen Fachvorgesetzten aus der Linienorganisation gewinnen. Falls in meinem projekttragenden Unternehmen ein Qualitätsmanagementsystem vorliegt, z.B. auf der Grundlage der ISO 9000, finde ich u.U. im QM-Handbuch bereits vordefinierte Mitarbeiterprofile.

3. Schritt

Ich lege, ggf. mit dem im Schritt 2 definierten Personenkreis, die AP-Verantwortlichen fest.

4. Schritt

Die AP müssen möglicherweise gemeinsam mit den jetzt definierten AP-Verantwortlichen noch einmal durchgesprochen und angepasst werden.

5. Schritt

Ich erstelle ein Projektorganigramm und für den Fall eines Kriseneintritts lege ich eine Eskalationsprozedur fest. Es sollte geklärt sein, dass ich als Projektmanager im Krisenfall der Entscheider bin. Warum? Weil ich das umfassendste Wissen über das Projekt habe.

Arbeitsschritte nach der Festlegung der APV und TPL

Ich verzahne das Projekt mit der Linie.

Projektorganisation 3 –
Stab, Matrix oder autonom

Mein Projekt muss nun in das projekttragende Unternehmen integriert und ich mit formalen Kompetenzen ausgestattet werden.

1. Schritt

Ich lege die geeignete Organisationsform (Stab, Matrix oder autonom) fest und begründe meine Entscheidung.

Stabsorganisation – 2. Schritt

Ich mache deutlich, dass in der Stabsorganisation mein Auftraggeber der alleinige Entscheider ist. Ich schreibe nur die Pläne fort und weise auf Abweichungen hin!

Matrixorganisation – 2. Schritt

Ich bin verantwortlich für die termingerechte Bearbeitung der AP. Die Frage der Bearbeitungsqualität, der Durchführungsverantwortlichkeit und damit verbunden das gesamte Personalmanagement, d.h. Urlaubsplanung, Mitarbeiterbeurteilung etc., obliegen dem Fachvorgesetzten!

Autonome Organisation – 2. Schritt

Ich bin verantwortlich für alle Aspekte der Projektarbeit. Meine Mitarbeiter müssen mir direkt unterstellt werden, ich bin der Repräsentant des Projekts im Innen- und Außenverhältnis. Hierfür benötige ich entsprechende Kompetenzen, d.h. Handlungsvollmacht, Prokura oder Generalvollmacht als Geschäftsführer.

3. Schritt

Ich kläre, wer die Rolle des stellvertretenden Projektleiters übernehmen soll (ich möchte auch einmal in den Urlaub fahren). Es ist zu beachten, dass der Loyalität ein höherer Stellenwert zukommt als der Fachkompetenz! Ist es erforderlich bzw. hilfreich, einen Beirat zu installieren? Wenn ja, lege ich die Mitglieder und Kompetenzen fest. Ich lege auch fest, wann und wie oft ich mich mit meinem Auftraggeber und den Teilprojektleitern zu Besprechungen bzw. Projektreviews treffen werde.

Projektstart

Arbeitsschritte nach Installation der Projektorganisation
Als Projektleiter muss ich – am besten durch meinen Auftraggeber – in den Kreis der Führungskräfte eingeführt werden. Nun kann ich das Projekt formell starten, d.h., mit der Realisierung beginnen. Ich muss auf dem Pfad des Projekts bleiben und ganz viel kommunizieren!

Kommunikation 2 –
Besprechungen, Workshops

Besprechungen und Workshops

> Sollte ein Teilnehmer nicht erforderlich sein, kann er gehen. Das spart ihm und uns Zeit!

Vor	Während	Nach
Besprechungsplan aufstellen	Begrüßung und Vorstellung	
▼	▼	
Tagungsort reservieren	Grund und Ziel der Veranstaltung	
▼	▼	Protokoll schreiben und verteilen
Besprechungsplan verteilen	Agenda	
▼	▼	▼
Teilnahme bestätigen lassen	Besprechung durchführen	Folgebesprechung planen
	▼	
	Zusammenfassung geben	
	▼	
	Schlussrunde und Verabschiedung	

Protokoll		
Projekt	Datum	
Thema	Beginn	Ende
	Ort	

Besprechungsleiter
Protokollführer
Anwesend
Das Protokoll haben gelesen und unterzeichnet (Unterschrift)
Abwesend
Verteiler
Tagesordnung

Ich betrachte das Protokollschreiben als meine erste Pflicht als Projektleiter und bedenke:

Wer schreibt, der bleibt
deutsche Volksweisheit

Ich führe meine Besprechungen über offene Fragen (wieso, weshalb, warum …).

171

Herdplatten und Eisflächen

Bei Meetings arbeiten Sie selbstverständlich:

- ohne Vorgabe von Zeit, Ablauf und Ergebnissen,
- und dies ist wichtig: ohne vor dem Meeting den Smalltalk zuzulassen,
- möglichst ohne Pausen,
- grundsätzlich »kreativ«, d.h., Sie lassen alles zu, nichts wird gesteuert, jeder Zwischenruf ist willkommen. Es könnte ja etwas dabei sein, das uns richtig vorwärtsbringt.

Sie arbeiten ohne akkurates Equipment, z.B. Beamer, Overhead-Projektor, Moderationsmaterial. Dadurch werden Ihre Meetings besonders spannend und innovativ. Sie verzichten darauf für die Besprechung Rollen zu definieren, d.h., Sie verzichten auf Zeitmanager, Moderator oder Protokollführer.

Kaffee, Gebäck oder andere Erfrischungen lassen Sie bewusst weg. Was soll der Quatsch, der nur Geld kostet? Natürlich können Sie als ProjektManager nach Belieben zu spät kommen, früher gehen oder auch mal zwischendurch das Meeting verlassen, schließlich sind Sie der Chef. Fallen Sie anderen mit Zwischenfragen ins Wort, unterbrechen Sie den Redefluss Ihrer Mitarbeiter und zerstören Sie den Gedankengang, den die Mitarbeiter gerade mühsam aufgebaut haben. Wenn Sie mit einem Mitarbeiter ins Gespräch einsteigen, zeigen Sie unbedingt mit dem Zeigefinger auf ihn.

Und ein letzter, aber extrem wichtiger Punkt: Lassen Sie Ihr Handy oder BlackBerry an. Lassen Sie sich unbedingt zwischendurch anrufen. Bleiben Sie bitte während des Telefonats im Raum, d.h., Sie beantworten die Fragen Ihres Telefonpartners möglichst laut und im Beisein der anderen Besprechungsteilnehmer. Stellen Sie Ihr Notebook vor sich auf, zeigen Sie Ihre uneingeschränkte Verfügbarkeit und kommunizieren Sie ungeniert mit der Außenwelt.

Genial ist es immer, seine eigenen Vorstellungen einzubringen, selbst der größte Unsinn kann schließlich zu neuen und kreativen Ideen führen.

Erkenntnisse

○ Wer keine Ahnung hat, sollte schweigen.

C Es gibt viele Regeln für Meetings.

○ Die dringlichste? Respektvoller Umgang!

○ Die wichtigste? Feedback am Ende einholen, damit es beim nächsten Mal besser gemacht werden kann.

Kommunikation 3 – Präsentationen

Präsentation

Einleitung	Hauptteil	Zusammenfassung	Diskussion

Begrüßung

▼

Probleme und
Zielsetzung
vorstellen

▼

Interesse wecken
und Sympathie-
feld aufbauen

▼

Vorstellung des
Vortragenden

▼

Darstellung des
Ablaufs und
Zeitangaben

▼

Hinweis auf
Unterlagen

Inhalte vermitteln

▼

Probleme
darstellen

▼

Lösungsmöglich-
keiten vorstellen

▼

Alternativen und
Entscheidungen
herausarbeiten

▼

Demonstrationen

> Ich beachte:
> Ein Bild sagt mehr als 1000 Worte –
> und Bilder müssen im Kopf, nicht
> an der Wand erzeugt werden!

Ergebnisse
zusammenfassen

▼

Überleitung zur
Diskussion

Ergebnisse
festhalten

Als Projektleiter bin ich dafür verantwortlich, dass eine Präsentation,
ob von mir oder einem Teilprojektleiter, inhaltlich gut gepackt und
kurzweilig vorgetragen wird.

Ich fordere hier viel!
Wie?

Ich verlange nach frei vorgetragenen und kurzweilig gehaltenen
Präsentationen und bin immer wieder erstaunt!

Herdplatten und Eisflächen

Schreiben Sie PowerPoint als Medium für Präsentationen vor. Lassen Sie keine anderen Medien zu!
Beim Vortrag unterbrechen Sie den Redner mit gezielten Zwischenfragen. Bringen Sie ihn ruhig aus dem Konzept, z.B. indem Sie seinen Namen bewusst falsch aussprechen. Sehen Sie aus dem Fenster und trommeln Sie mit den Fingern auf dem Tisch. Schnippen Sie mit den Fingern, während Sie gut wahrnehmbar vor sich hinpfeifen.
Arbeiten Sie ungeniert auf dem mitgebrachten Notebook oder schreiben Sie SMS auf Ihrem Handy. Verlassen Sie immer wieder den Raum, lassen aber Ihr zurückgelassenes Handy klingeln. Sie möchten während des Vortrags telefonieren, jedoch ohne den Raum zu verlassen? Klar geht das und ist auch eine prima Idee! Sie sollten dabei aber laut und für alle gut vernehmbar sein.

In Diskussionen ziehen Sie das Gesagte in Zweifel. Wie? Einige Vorschläge, die gerne verwendet werden können:

- »Das glaube ich Ihnen nicht!«
- »Ich habe da komplett andere Erfahrungen gemacht.«
- »Meine Erfahrungswelt deckt sich hier nicht mit dem Vorgetragenen.«

Auch hier haben Sie natürlich als Manager noch sehr viele tolle Möglichkeiten, kreativ zu sein, die Bandbreite nach Gutdünken zu erweitern und weitere Konzepte einzubringen.

Erkenntnisse

○ Es ist besser, ein Ziel konkret, als einen Weg zum Ziel zu genau zu definieren.

○ Keiner hat ein Patent auf den Königsweg.

○ Der Zweifel an Aussagen und Angaben ist die Basis für Zwietracht.

○ Mit Eintracht macht man kleine Dinge groß, mit Zwietracht wird man große Dinge los.

Leben und Arbeiten mit Kontrollfreaks

»Kontrollfreaks lassen uns keinen Atem, sie drücken uns die Luft ab!« Jörg Straßer war völlig aus dem Häuschen, als er aus dem Projektreview kam. Die Fragen zum Projektstatus und zur Kostenkontrolle hatte er erwartet. Was ihm emotional wirklich zusetzte, waren kleinkarierte Fragen, wie sie sein persönlicher ›Lieblingscontroller‹ fortwährend stellte. Nicht die Frageform brachte ihn in Rage, nein: Es waren Fragen, die so aufs Erbsenzählen ausgelegt waren, dass am Ende die Zeit fehlte, die wirklichen Herausforderungen und strategischen Sachverhalte zu diskutieren. Wieder mal Zeit verschenkt und Chancen vertan, so das Resümee von Jörg Straßer.

»Was geht da ab? Wie kann man ein solches Gebaren an den Tag legen? Ich verstehe das einfach nicht. Ich kann mich kaum beruhigen«, wetterte Jörg Straßer. »Ja, das merke ich«, antwortete Dr. Riemer. »Lieber Straßer, auch in solchen Dingen müssen Sie viel geduldiger werden! Dieses Verhalten – kontrollfreakisch –, wie Sie es nennen, ist ein Zeichen großer Unsicherheit, wenn nicht sogar Angst. Ihnen bereitet das große Probleme, weil Sie sich sicher sind und keine Angst haben. Alles scheint für Sie in Ordnung zu sein, und Sie haben den Blick frei für strategische Dinge.« »Genau, das sehe ich so«, stellte Jörg Straßer fest. »Was soll nun geschehen?«

»Werden Sie geduldiger, entspannen Sie sich, und dann versuchen Sie mal rauszufinden, warum sich Ihr Mitstreiter so verhält, wie er sich verhält. Denken Sie mal nach und versuchen Sie, sich in seine Lage zu versetzen. Was macht ihm Angst? Was nimmt ihm sein Vertrauen?«

»Vielleicht ist er mit der Situation überfordert?«, warf Straßer ein.

»Ja«, sagte Riemer, »das könnte sein. Was wäre noch denkbar?« »Er kann u.U. die allgemeinen Projektsachverhalte nicht einordnen oder möglicherweise wesentliche Zusammenhänge nicht erkennen?« »Sehr gut«, sagte Riemer. »Was machen Sie nun?« »Na ja, ich denke, ich sollte den Kollegen beiseite nehmen und ihm die Ziele und groben Abläufe des Projekts noch einmal erklären. Ich habe zwar alles bereits dargestellt, ich mache das aber gerne noch einmal, wenn es unserer gemeinsamen Sache, dem Projekt, dient.«

»Sie könnten das machen, ich vermute aber, dass durch Ihre Wiederholung des Sachverhalts die Situation nicht besser wird. Ich denke, er hat Sie einfach bisher nicht verstanden, und genauso, befürchte ich, wird er Sie auch weiterhin nicht verstehen. Sie sind ihm vielleicht zu schnell oder zu direkt. Lassen Sie die Projektaspekte doch einmal von einem anderen Kollegen erklären. Von jemandem, der sich auch gut auskennt und vielleicht eine andere Form der Ansprache oder Darlegung finden kann.«

»Das ist eine gute Idee! Ich hätte da auch schon jemanden im Auge. Unser QM-Beauftragter Herr Reitaler wäre meines Erachtens der richtige Mann dafür. Gerade, weil er dem Projekt anfangs so kritisch gegenüberstand.« »Sehr gut! Lassen Sie ihn die Sache mal darstellen. Ich glaube schon, dass er zur Klärung der Situation beitragen kann. Bitte halten Sie mich auf dem Laufenden – und nicht vergessen: Nachsichtiger und geduldiger werden mit Leuten, die nicht gleich auf Ihrer Wellenlänge sind!«

Dr. Riemer verabschiedete sich und Jörg Straßer griff beherzt zum Telefon.

Fortsetzung folgt.

Erkenntnisse

○ Menschen, die Angst haben, haben oft zu wenig Vertrauen.

○ Vertrauen aufzubauen und dabei Angst zu nehmen ist eine wichtige Pflicht des ProjektManagers.

Vertrauen gewinnen kostet möglicherweise viel Zeit, doch in kürzester Zeit kann es verloren gehen!

Projektreview

Mein Projekt befindet sich nun in der Realisierung, doch halte ich den roten Faden noch in den Händen? Um dies herauszufinden, muss ich regelmäßig Projektreviews vornehmen.

Es bietet sich an, bei Phasenübergängen den Blick zurückzurichten. Ich frage mich zusammen mit meinem Team (TPL, APV):

- Welchen Status in Bezug auf Leistungs-, Termin- und Kostenziele hat das Projekt erreicht?
- Was sollte erreicht werden, was wurde erreicht?
- Wo gab es Probleme?
- Was waren die Gründe hierfür?
- Werden wir die Projektvorgaben einhalten?
- Was muss getan werden, um Abweichungen in den Griff zu bekommen?
- Müssen Zielanpassungen eingeleitet werden?
- Können Puffer freigegeben werden?

Im Review betrachten wir die fachliche wie auch die emotionale Seite des Projekts. Wir nutzen die Ergebnisse des Reviews für den Blick nach vorne und praktizieren nun wieder Risikomanagement. Damit wird Risikomanagement ein wertvoller Begleiter, und ich habe den Finger am Puls meines Projekts!

Die getroffenen Festlegungen übernehme ich nun in die Planung.

Arbeitsschritte nach Durchführung des Projektreview

Als Projektleiter präsentiere ich unserem Auftraggeber die Ergebnisse des Reviews. Zu solchen Veranstaltungen ziehe ich meinen stellvertretenden Projektleiter hinzu.

Projektabschluss, Projektbewertung

Mein Projekt muss formal beendet werden. Ich muss:

- erbrachte Leistungen vom Auftraggeber abnehmen lassen,
- Projektkosten ermitteln und das kaufmännische Controlling beenden,
- Lehren für das nächste Projekt ziehen und
- beim autonomen Management mein Team auflösen und meine Vollmachten zurückgeben.

Ich rufe mein Projektteam noch einmal zusammen und bedanke mich für die Zusammenarbeit. Ich verbinde dies mit einem Abschlussessen oder einer Abschlussfeier (je nach Größe und Bedeutung des Projekts). Ich stelle meinem Team die Frage, was es wieder so und was es zukünftig anders machen würde.

Wenn ich dies alles mit einem Werkzeug unterlegen möchte, kann ich z.B. das Bewertungsmodell für Project Excellence nutzen. Es liefert mir ein Vorgehensmodell und ein Fragensystem für die Projektbewertung. Auf dieser Basis kann ich mein bewertetes Projekt mit den Gewinnern der Project Excellence Awards vergleichen und mich u.U. sogar selbst um den Project Excellence Award bewerben.

Arbeitsschritte nach der Projektbewertung

Die gewonnenen Erkenntnisse werde ich beim nächsten Projekt nutzen. Ich stelle sicher, dass bereits vorhandene Verfahrensanweisungen, Templates und Dokumente angepasst werden.

Habe ich wirklich ein gutes Projekt realisiert? Ja? Dann bewerbe ich mich mit meinem Team um den Project Excellence Award. Zur Bestätigung unseres Projekterfolgs werden wir den Preis gewinnen!

Herdplatten und Eisflächen

Nachdem die Leistung erbracht wurde, lassen Sie am besten viel Dreck am Ort des Geschehens bzw. in dessen näherer Umgebung zurück, es ist immer gut, wenn man sehen kann, dass gearbeitet wurde. Räumen Sie aber das Werkzeug und Restmaterial möglichst vollständig weg, damit auch kleine Nachbesserungen, die immer zu erwarten sind, unmöglich werden.

Besser noch, Sie lassen Ihr Werkzeug liegen und nehmen das gesamte Restmaterial mit, damit die Verzögerung bei Nachbesserungen so richtig ins Gewicht fällt. Dann führen Sie möglichst zeitnah mit dem Kunden ein Gespräch und erzählen, was Sie mit Ihren Mitarbeitern alles Tolles geleistet haben, und zeigen vor allem auf, was andere Beteiligte an schlechter Arbeit geleistet haben.

Ein schöner Gesprächsabschluss ist immer, dass Sie möglichst sofort die Bezahlung der von Ihnen geleisteten Spitzenleistung fordern.

Erkenntnisse

○ Der Arbeitsplatz ist der Spiegel der Arbeit.

○ Auf das Erwartete muss man vorbereitet sein.

○ Wenn ich mich mit der Bedeutung von Qualität einzelner Arbeitspakete nicht auskenne, muss ich einen Schnittstellenmanager einsetzen, der das notwendige Wissen hat.

Projektatlas

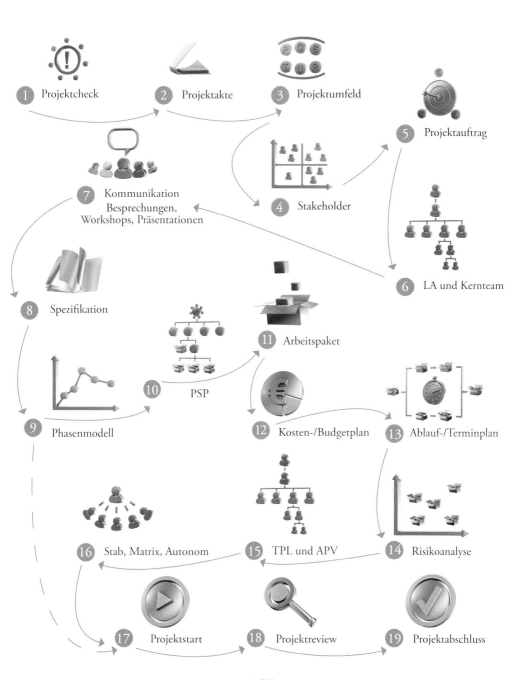

1. Projektcheck
2. Projektakte
3. Projektumfeld
4. Stakeholder
5. Projektauftrag
6. LA und Kernteam
7. Kommunikation
   Besprechungen,
   Workshops, Präsentationen
8. Spezifikation
9. Phasenmodell
10. PSP
11. Arbeitspaket
12. Kosten-/Budgetplan
13. Ablauf-/Terminplan
14. Risikoanalyse
15. TPL und APV
16. Stab, Matrix, Autonom
17. Projektstart
18. Projektreview
19. Projektabschluss

DU BIST DER PROJEKTMANAGER,

WIR SIND DEIN RÜCKHALT!

www.ottmann.de
www.projektmanager.de

Projektmanagement, das heißt Netzpläne berechnen, oder?

Ja, natürlich gehört es bei einer Zertifizierung dazu, Netzpläne zu berechnen, es müssen z.B. auch Kostenkalkulationen vorgenommen und Kapazitätsganglinien gezeichnet werden. Aber nicht in diesem Buch. Bleiben Sie entspannt, versuchen Sie das Wesen des Projektmanagements zu erfassen. Hat es geklickt? Ja? Dann stellen Sie fest, dass das Rechnen wichtig ist, denn:

»Ohne Wirtschaftlichkeit schaffen wir es nicht.«

Doch das ist Elementarwissen, das Sie bereits aus Ihrer Schul- und Fachausbildung mitbringen. Ich versuche schließlich auch nicht, Ihnen mit diesem Buch Latein beizubringen, auch wenn es dem Neuling im Projektmanagement durchaus so vorkommen mag.

In diesem Buch suchen Sie bitte nach dem tieferen Konzept des Projektmanagements, vielleicht:

»Ohne Menschlichkeit ertragen wir es nicht.«

Dies führt mich nun, nachdem wir schon einiges über analytische und planerische Vorgehensweisen besprochen und gelernt haben, zu den weichen Aspekten des Projektmanagements, die meines Erachtens die wirklich harten sind.

Teil 3

Der Mensch im Projekt

Teambildung

Das Projekt kann ich als Projektleiter nicht alleine bewältigen. Ich brauche motivierte Menschen mit unterschiedlicher Qualifikation und Erfahrung im Team, um alle anstehenden Aufgaben zu lösen.

Für

1. Schritt – Forming Ich forme mein Team. Die Stakeholderanalyse zeigt mir, welche Stellen und welche Personen in das Projekt einzubinden sind. Die potenziellen Mitarbeiter stimme ich zunächst mit meinem Auftraggeber ab. Dann bilde ich mein Kernteam. **Meine Rolle: Ich bin Gastgeber.**

Super

2. Schritt – Storming Es gilt, das kreative Chaos frühzeitig zu meistern. Hierfür führe ich einen Teambildungsworkshop durch. Alle Belange der Projektplanung können hier thematisiert werden. Unter keinen Umständen vernachlässige ich aber dabei den informellen Teil. Ich gewährleiste genügend Raum für soziale Belange meiner Projektmitarbeiter (Kennenlernen, Teamentwicklung, Wertschätzung für erbrachte Leistungen etc.). **Meine Rolle: Ich bin Moderator.**

Neue

3. Schritt – Norming Aus meinen Mitarbeitern muss schnell ein Team werden! Ich muss meinem Team eine Projektidentität geben, hierfür können wir dem Projekt eine Leitidee unterlegen, ein Motto, Slogan und Logo entwerfen. Damit geben wir unserem Projekt eine Identität und begeistern das Team. **Meine Rolle: Ich bin Moderator und Coach.**

Projekte

4. Schritt – Performing So aufgestellt kann die Planung von den Projektmitarbeitern zielorientiert vorwärtsgetrieben und realisiert werden. Ich muss allerdings bedenken, dass bei Phasenübergängen einzelne Mitarbeiter unser Team verlassen und neue Mitarbeiter zum Projekt stoßen können. Die einen haben meinen Dank und die anderen die Möglichkeit zur guten Integration in das Projekt verdient. **Meine Rolle: Ich bin »Erster unter Gleichen«, der u.U. noch einmal in das Storming einsteigen lässt.**

5. Schritt - Adjourning (bei der autonomen Projektorganisation) Die einen Mitarbeiter werden vor dem formellen Projektende nach neuen Herausforderungen suchen, die anderen werden mir lange geschlossene Baustellen wieder aufreißen, um weiter am Projekt arbeiten zu können. Ich muss auf die Auflösung vorbereitet sein und eine Antwort auf die Frage haben, wie ich die Auflösung meines Teams gut hinbekommen kann.

Herdplatten und Eisflächen

Achten Sie als frisch ernannter ProjektManager auf die Gestaltung Ihres Arbeitsplatzes, d.h.,

- Sie lassen eine Schreibtischverbreiterung anbringen.
- Ihr eigener Stuhl muss unbedingt leicht erhöht sein, eine höhere Rückenlehne haben und drehbar sein.
- Sie haben einen Stuhl für Besucher (oder für Mitglieder Ihres Teams) mit leicht nach vorn geneigter Sitzfläche ausgewählt. Den Besucherstuhl stellen Sie mit genügend Abstand zu Ihrem Schreibtisch auf. Achten Sie darauf, dass mindestens eine Armlänge zwischen dem Stuhl und Ihrem Schreibtisch besteht, damit sich Ihr Besucher nicht aufstützen kann.

Der Weg zu Ihrem Schreibtisch muss ein langer sein, zumindest muss er Ihrem Besucher sehr lange erscheinen.

Erkenntnisse

○ Den Status bezieht man nicht aus dem äußeren Schein, sondern aus dem, was man geleistet hat.

○ Man muss auf Taten achten, sie sagen alles.

Der erste von acht Teilprozessen im Bereich der ›weichen Faktoren‹ ist nun erklärt.

Der ungeduldige ProjektManager kann auf Seite 266 mit dem ProjektManagerAtlas das fertige Ergebnis begutachten.

Führung? Ein 19-jähriger Unteroffizier hat's drauf!

Während der letzten Monate war das Verhältnis zwischen Jörg Straßer und Heinz Anger immer besser geworden. Jörg konnte seit den ersten intensiven Gesprächen mit Dr. Riemer, seiner Frau Sabine und eben auch Heinz Anger sehr viel von den Ratschlägen umsetzen. Bei einem Mittagessen kamen die beiden Kollegen wieder ins Gespräch über den Alltag als Projektleiter und die Führungsschwierigkeiten.

»Ich habe dir ja schon mal erzählt, dass ich Offizier bei der Bundeswehr war. Als Rekrut musste ich natürlich wie alle auch die militärische Grundausbildung absolvieren. Nun war das bei uns eine gewisse Herausforderung, denn meine Grundausbildungseinheit war mit meinem Einzug frisch aufgestellt worden. Alle waren neu, keiner kannte sich von früher. So weit, so gut, nach den ersten beiden Wochen im ungewohnten militärischen Umfeld stellten wir uns öfter die Frage, was sich unsere Offiziere und Unteroffiziere bei ihren Anweisungen denken. Warum ließ unser Kompaniechef bei unseren Unterführern durchaus unterschiedliche Vorgehensweisen zu? Es sollte nicht lange dauern, bis wir das Vorgehen durchschauen und die Problemlösungen erkennen konnten.« Heinz Anger aß einen Happen und erzählte weiter.

»Morgens um drei Uhr schrillten Pfeifen und wir wurden recht unsanft mittels Alarm geweckt. Wir mussten uns eiligst anziehen, Kampfanzug, Stahlhelm, Parka. Dann ab zur Waffenausgabe und antreten auf dem Kasernenhof, alles im Laufschritt! 30 Minuten später, um halb vier, stand die Kompanie abmarschbereit.« »Wow, Respekt!«, warf Jörg Straßer ein.

»Unsere Unterführer standen vor uns, wobei es interessant war zu sehen, dass sie ganz unterschiedlich gekleidet waren. Vom Unteroffizier, der eine Pistole dabei und ein Barett auf dem Kopf hatte, bis zu unserem Unteroffizier, der wie wir gekleidet und mit kompletter Kampfausrüstung inklusive Stahlhelm und Sturmgewehr ausgerüstet war, war alles vertreten. Hatte unser Kompaniechef seinen Befehl zu Bekleidung und Ausrüstung nicht klar formuliert? Dann ging es zum Standortübungsplatz, der etwa fünf Kilometer von der Kaserne entfernt lag. Für uns Rekruten war das eine ganz ordentliche Belastung, nicht nur wegen der schweren Kleidung und dem ungewohnten Gewehr, der Ausrüstung und dem Stahlhelm. Auch die körperliche Betätigung im Gelände war noch recht neu für uns. Im Laufe des Tages erkannten wir bei den diversen Unteroffizieren ganz unterschiedliche Ausbildungs- und Führungsmethoden. Unser Unteroffizier zeigte uns immer, wie er sich eine Übung vorstellte, andere gaben nur mündlich Anweisungen oder ließen eine Übung von Hilfsausbildern vorführen. Es war ein extrem anstrengender Tag für uns Rekruten. Ich gebe zu, dass wir sehr schlecht auf unseren Unteroffizier zu sprechen waren, obwohl der ja nun für diesen Tag auf dem Übungsplatz nichts konnte.«

»Das kann ich mir vorstellen«, sagte Jörg Straßer.

»Am Abend setzte er dann dem Ganzen die Krone auf. Alle Unteroffiziere übergaben das Kommando an den jeweiligen Hilfsausbilder. Diese führten die Gruppen der Rekruten in die Kaserne, während die Unteroffiziere mit Jeeps dorthin gefahren wurden. Unser Unteroffizier erklärte uns jedoch, dass wir gemeinsam in die Kaserne laufen würden. Außerdem meinte er, dass es uns zu Ehre gereichen würde, die erste Gruppe in der Kaserne zu sein. Um dieses Ziel zu erreichen, verteilte er die Kampfausrüstung, indem er den schwächeren Kameraden Gepäck abnahm und auf sich und die stärkeren Soldaten verteilte. Anschließend erklärte er uns, wie im ›Fliegermarsch‹ die Marschgeschwindigkeit deutlich erhöht werden kann.«

»Was ist denn ein ›Fliegermarsch‹?«, fragte Jörg Straßer neugierig. »Na, das ist eigentlich ganz einfach: Der letzte Soldat in einer Marschkolonne überholt diese im Laufschritt, nach Abschluss des Überholvorgangs setzt der nun letzte Soldat zum Überholvorgang an usw. Das geht dann so weiter, bis das Ziel erreicht ist«, führte Heinz Anger aus.

»Das klingt ganz schön anstrengend«, gab Jörg Straßer zurück, »vor allen Dingen nach einem ohnehin sehr kräftezehrenden Ausbildungstag!«

Heinz Anger nickte: »Ja, wir haben unseren Unteroffizier verflucht. Aber wir waren die Ersten in der Kaserne! Unser Unteroffizier setzte sich anschließend zu uns auf die Stube und reinigte mit uns die Utensilien. Er zeigte uns, wie wir sehr schnell alle Gegenstände in akkurate Ordnung und zurück in bzw. auf unsere Spinde bringen konnten. Andere Unteroffiziere überließen diese Aufgaben den Hilfsausbildern und beantworteten die Frage, wie ein Spind einzuräumen ist mit einem Dokument, das ›Packanweisung‹ genannt wurde. Unser Kompaniechef hatte am Tag alles genau beobachtet. Nach dem Ausbildungstag kam es zu einer Besprechung mit den Unteroffizieren. Er erläuterte die unterschiedlichen Ansätze, zeigte deren Vor- und Nachteile auf und erklärte ihnen seine Erwartungen an einen vorbildlichen Unteroffizier. Er stellte die Frage, wen die Unteroffiziere als stärker einordnen würden, sich oder die Rekruten? Die Antwort fiel klar und eindeutig aus, sie stuften sich als die Stärkeren ein. Nun gab er die Anweisungen für zukünftige Geländegänge.

Ab sofort trugen alle Soldaten bei der Ausbildung im Gelände den gleichen Kampfanzug und hatten die gleiche Bewaffnung dabei, egal, ob es sich um einen Zugführer, Gruppenführer oder einfachen Soldaten handelte. Ein Ausbildungstag lief ab diesem Zeitpunkt gemeinsam ab, d.h., er begann und endete in der Kaserne. Während des Ausbildungstags gab es keine unterschiedliche Behandlung. Für alle Offiziere, Unteroffiziere und Soldaten waren von nun an alle Randbedingungen, z.B. beim Transport und bei der Verpflegung, gleich!«

Fortsetzung folgt.

Erkenntnisse – Führung

○ Alles, was man von anderen Menschen erwartet, muss man mit ihnen gemeinsam erarbeiten und ihnen gegenüber feinfühlig kommunizieren.

○ Trotz Planung und strategischer Arbeit – der ProjektManager muss immer auch improvisieren!

○ Improvisieren kann nur derjenige, der die nötigen Fähigkeiten mitbringt und weiß, wie es gemacht wird!

P.S.: Wessen wir am meisten im Leben bedürfen, ist jemand, der uns dazu bringt, das zu tun, wozu wir fähig sind.

Ralph Waldo Emerson

Erkenntnisse – wahre Anführer...

○ sind von einer Idee beseelt, von einem Ziel ergriffen und können durch kritische Reflexionen neue Ebenen der Zusammenarbeit erreichen;

○ geben die Ziele vor, legen den Handlungsrahmen fest und verhindern damit, dass ein Marktplatz der Beliebigkeiten entsteht;

○ erklären, um was es geht, und zeigen, wie es gemacht wird;

○ treffen Entscheidungen, auch unliebsame;

○ schätzen die Leistungsfähigkeit ihrer Mitarbeiter richtig ein;

○ übernehmen größere Lasten als ihre Untergebenen und laufen schneller;

○ leben vor und sind Vorbild.

P.S.: Das Große ist nicht, dass einer dies oder jenes ist, sondern dass er selbst es ist; und das kann jeder Mensch sein, wenn er will.

Søren Kierkegaard

Führung

Für das Projekt muss das Ziel vorgegeben und klar sein. Nur wenn ich weiß, wo die Reise hingehen soll, kann ich die Mitarbeiter meines Projekts an die Hand nehmen und zum Ziel führen.
Ist das gewährleistet oder sind noch Abklärungen erforderlich? **Ggf. zur Checkliste ›Zieldefinition‹ gehen.**

Als Projektleiter muss ich mein Team und meine Lieferanten an die Hand nehmen.
Kann ich das? Habe ich das erforderliche Vertrauen hierfür aufgebaut und die nötigen Kompetenzen gesichert? **Ggf. zur Checkliste ›Projektorganisation‹ und/oder ›Teambildung‹ gehen.**

Meine Mitstreiter benötigen Klarheit über das Vorgehen und die nächsten Schritte.
Ist die Umgebung, in der wir uns aufhalten, klar und die Planung stimmig? **Ggf. zur Checkliste ›Phasenmodell‹ und/oder ›Ablauf-/ Terminplan‹ gehen.**

Menschen wollen nicht verblüfft werden.
Sind die Vorgehensweisen und Entscheidungen nachvollziehbar? **Ggf. zur Checkliste ›Ablauf eines Workshops‹ gehen.**

Entscheidungen müssen getroffen werden.
Weiß ich um die Konsequenzen meiner Entscheidungen? Habe ich meine Entscheidungen abgesichert? Kann ich die einmal getroffene Entscheidung durchsetzen? **Ggf. zur Checkliste ›Risikoanalyse‹ gehen.**

Wir arbeiten im Team, mit Menschen, die aus unterschiedlichen Themenfeldern kommen und ihre Kompetenz beweisen wollen. Jeder sollte die Möglichkeit bekommen, auch einmal Primadonna zu sein! Habe ich den anderen Menschen auch ein Stück Eisfläche für ihren Tanz gelassen? **Ggf. zur Checkliste ›Teambildung‹ gehen.**

Ich bin Führungskraft und Anführer. Führen heißt fragen. Nicht mit geschlossenen, sondern offenen Fragen!
Wieso, weshalb, warum … das sind meine Führungsfragen. Habe ich das bei meinen letzten Gesprächen berücksichtigt? **Ggf. zur Checkliste ›Besprechung und Workshop‹ gehen.**

Als Führer muss ich Vorbild sein, mehr aushalten und belastbarer sein als jedes Teammitglied!
Lebe ich diese essenziellen Eigenschaften eines Führers?

Herdplatten und Eisflächen

Achten Sie auf den ›richtigen‹ Umgang mit Mitarbeitern. Sprechen Sie ab sofort von oben herab mit ihnen. Erzählen Sie viel über sich und Ihre tollen Leistungen, Ihren heutigen, vor allen Dingen aber Ihren Leistungen der Vergangenheit. Erzählen Sie auch viel über Ihre genialen Pläne und wie Sie sich vorstellen, diese generalstabsmäßig umzusetzen.

Machen Sie die Aufgaben dringend und lassen Sie dann die gelieferten Ergebnisse demonstrativ und für den Mitarbeiter sichtbar ungenutzt liegen. Zeigen Sie eine desinteressierte Grundhaltung, wenn Ihnen Ergebnisse präsentiert werden, z.B. indem Sie den Raum verlassen, telefonieren, sich mit einem Kollegen unterhalten oder indem Sie andere Aktivitäten praktizieren. Sie brauchen einige Beispiele hierfür? Meine Extremistenliste: Während Sie im Gespräch mit Ihrem Mitarbeiter sind, betreiben Sie Körperhygiene, machen Ihre Nägel rein oder entfernen mit viel Genuss Essensreste. Wer sagt, dass Zahnseide nur im Badezimmer zu benutzen ist?

Achten Sie auf richtiges Verhalten am Arbeitsplatz der Mitarbeiter, d.h., Sie lassen Müll zurück, den Ihr Mitarbeiter später für Sie entsorgt. Ihr Mitarbeiter sitzt, Sie bleiben stehen. Er blickt auf und Sie blicken immer schön von oben auf den Mitarbeiter herab. Er muss doch wissen, wer das Sagen hat. Wenn wir schon beim Sagen sind, Sie reden laut und in bestimmender Form. Sie stellen rhetorische Fragen, um andere Meinungen erst gar nicht hören zu müssen.

Erkenntnisse

○ Niemals die erbrachte Arbeitsleistung ignorieren.

○ Führen heißt Fragen!

○ Eine Frage ist wertvoller als eine Feststellung.

○ Beim Mitarbeitergespräch gebührt dem Mitarbeiter die volle Aufmerksamkeit.

○ Nicht nur an seinem Arbeitsplatz verdient der Mitarbeiter einen respektvollen Umgang.

○ Als Manager muss ich auf die richtigen Umgangsformen achten.

Der Welfens ist ein fauler Hund

»Was soll ich bloß mit dem Welfens machen? Ohne mit mir darüber zu sprechen, marschiert er in die Marketingabteilung, hält dort seinen mittäglichen Tratsch, schlürft seinen Cappuccino und jede Menge Spaß ist ihm sicher.« »Wirklich gefrustet klingt das, was du da zum Besten gibst, liebe Kerstin.« »Ja, dabei ist die Aufgabe, die ich ihm übergeben habe, megawichtig. Aber nichts passiert. Der Welfens ist einfach ein fauler Hund. Weißt du, was ich am liebsten machen würde?« »Nein, sag's mir, Kerstin.« »Frei nach dem guten alten Songtext ›The first cut is the deepest‹, würde ich gerne einen tiefen Schnitt setzen und ihn rausschmeißen.«

»Gute Idee, aber wie viele Leute hast du auf der Wartebank sitzen? Hast du die Genehmigung, Mitarbeiter von externen Dienstleistern zeitlich befristet ins Projekt zu nehmen?« Offenbar ganz wichtige Fragen, die Jörg Straßer seiner Kollegin stellte. »Nein, natürlich habe ich das nicht«, gab Kerstin Weidner kleinlaut zurück. »Gut, kannst du die Aufgaben von anderen Teammitgliedern ausführen lassen oder auf die Realisierung der Aufgaben verzichten?«, wollte Jörg Straßer wissen. »Nein, leider zweimal nein.« Es schwang ganz viel Frust in Kerstin Weidners Worten mit. »Na, dann denke ich, ist es sinnvoll mal über die Motivation deiner Mitstreiter nachzudenken und wenn möglich, die Hebel an der richtigen Stelle anzusetzen. Damit bewegt sich vielleicht was, weil die Mitarbeiter dann einen echten Grund haben. Denk mal darüber nach, was Motivation bedeutet.«

Nach einer kurzen Pause antwortete Kerstin Weidner: »Das kommt doch aus dem Lateinischen, richtig?« Jörg Straßer lächelte: »Ja genau, und es heißt ›einen Beweggrund haben‹. Es geht also in erster Linie darum, einen Beweggrund zu liefern und dabei einige zusätzliche Aspekte zu berücksichtigen.« »Die da wären?«, wollte Kerstin Weidner wissen. »Okay, lass uns mal einige typische Sequenzen in einem normalen Arbeitsumfeld ansehen, z.B. bei mir in einem Projekt, vor einiger Zeit …«

ODER?

ODER?

UND MEINE KINDER? WAS TREIBT SIE UM? WAS MOTIVIERT SIE?

MEIN SOHN 'BRAUCHT' FEHLSCHLÄGE, ZUM BEISPIEL EIN SCHLECHTE NOTE, UM DANACH DAVON WEG ZU KOMMEN!

DANEBEN! ACH, MIST!

UND MEINE TOCHTER BRAUCHT EINE ZIELVORGABE, DIE *MÖGLICHKEIT* ETWAS GUTES ZU ERREICHEN, *HIN* ZUR GUTEN NOTE!

21, 23 24,...

Motivieren, aber richtig

Jörg Straßer ergänzte: »Um Mitarbeiter mit der erforderlichen Motivation auszustatten, muss man in erster Linie herausfinden, warum und für was sie sich ›bewegen‹. Da viele Mitarbeiter nicht nur wegen des Spaßfaktors oder aus Langeweile in die Firma kommen, sondern wegen der Gehaltsüberweisung am Monatsende, kann der Faktor Geld in vielen Fällen als ganz ausgezeichneter Motivationsfaktor gesehen werden.«

Kerstin Weidner war nun skeptisch. »Die Probleme liegen aber auf der Hand. Erstens verliert Geld als Motivator schnell seine Wirkung, weil es erwartet wird, am Monatsende nämlich. Und dann wirkt das Geld auch nicht bei jedem Mitarbeiter gleich motivierend. Der Kollege, der sein Haus bezahlt hat, eine Frau hat, die auch jeden Monat gutes Geld nach Hause bringt, dürfte weniger stark damit zu motivieren sein, als beispielsweise du, mit einer jungen Familie daheim und womöglich einem Sack voll Schulden.« Jörg Straßer blinzelte seiner Kollegin zu. »Gut gebrüllt, Löwe! Leg dir einfach eine kleine Liste mit den Namen deiner Mitarbeiter an und schreibe auf, was sie besonders motiviert. Achte auf die Zwischentöne bei Besprechungen, die Verhaltensweisen am Arbeitsplatz und auf die Gespräche in den Pausen. Schreib deine Wahrnehmungen und Überlegungen zu den Beweggründen der Kollegen auf. Du wirst dir damit einen wahrhaftigen Schatz sichern und gleichzeitig feststellen, dass nicht jeder Mitarbeiter mit Geld motivierbar ist und dass viele gute Motivatoren nichts oder wenig kosten. Ein gutes Gespräch zur rechten Zeit, ein Wort des Dankes oder eine E-Mail, die in klaren Worten die erbrachte Arbeitsleistung lobt und die du am besten am Freitag verschickst, wird wahre Wunder wirken. Probiere es aus, du wirst erstaunt sein!«

»Weißt Du was, ich fange gleich mit dem Welfens an, ich halte dich auf dem Laufenden.«

Kerstin Weidner verabschiedete sich und begann mit der Auflistung.

Fortsetzung folgt.

Erkenntnisse

○ Extrinsische und intrinsische Motivatoren sind zu beachten, beide Motivationsbereiche sind wichtig!

○ Positive Motivatoren sind hilfreich, aber auch negative Motivatoren müssen berücksichtigt werden.

○ Die Kenntnis, ob ein Mitarbeiter ein Hinzu-Motivierter oder Wegvon-Motivierter ist, ist essenziell!

○ Motivieren kann man nicht mit Kochrezepten, die Würzmischung ist individuell und lässt sich nie 1:1 wiederholen!

○ Besonders dann, wenn der ProjektManager keine direkte Vorgesetztenfunktion wie im autonomen Projektmanagement hat, kann die Frage des Motivierens eine echte Herausforderung werden.

○ Letzten Endes muss man von sich und seinen Mitstreitern immer einiges fordern und viel abverlangen.

P.S.: Arthur Schopenhauer wusste: Hindernisse überwinden ist der Vollgenuss des Daseins.

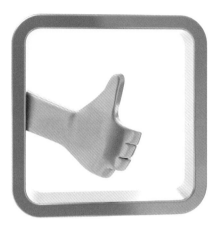

Motivation

So unterschiedlich wie die fachlichen Qualifikationen sind auch die Motivationen (Beweggründe) meiner Mitarbeiter.

In der autonomen Projektorganisation kann ich die gesamte Klaviatur der Motivation spielen. In der Matrix- und Stabsorganisation sind meine Möglichkeiten eingeschränkt. So kann ich bspw. als Projektleiter in der Matrix keine negativ wirkenden Motivatoren (z.B. Drohung) einsetzen, als Projektleiter in der Stabsorganisation verbleibt mir häufig darüber hinaus auch das Setzen positiv wirkender Motivatoren (z.B. Belohnung) verwehrt.

Generell beachte ich die Motivationsmatrix und die beiden Grundcharaktere »hin zu« und »weg von«.

Extrinsisch

- Drohung
- Gewaltanwendung, i.d.R. subtil
- …

- Vorleben
- Lob
- Anerkennung
- Belohnung
- …

−   +

- Hass
- Angst, Furcht
- Neid
- Gier, Habsucht
- Geiz
- Zorn, Jähzorn
- Völlerei, Maßlosigkeit
- Missgunst
- …

- Liebe
- Mut, Selbstbewusstsein
- Erfolg gönnen
- Bescheidenheit
- Freigiebigkeit
- Selbstbeherrschung
- Disziplin
- Leidenschaft
- …

Intrinsisch

Heute schon gemobbt?

Beim Mittagessen konnte Welfens so richtig Dampf ablassen. Was er nicht alles über seine Kollegen zu sagen wusste. Es war genial! Nach neuesten Informationen wollte sogar eine Stütze des Heuschnupfenprojekts – Wilfried Rose – das Unternehmen verlassen. »Woher hast du denn diese Information?«, wollte Tina aus der Marketingabteilung wissen. »Aus ganz zuverlässiger Quelle!«, gab Welfens zurück. »Damit«, meinte er, »sind die Auswirkungen für das Projekt unvorhersehbar. Am Ende trifft es wie immer die Kleinen und der Projektleiter wird wie üblich ungeschoren davonkommen.«

»Haben Sie das schon mitbekommen? Unser bester Mann, der Herr Rose, soll das Projektteam und unser Unternehmen verlassen. Der Projektleiter Dr. Straßer zeigt doch damit wieder seine grenzenlose Unfähigkeit.« Tina war in ihrem Element, und im Kollegenkreis machten die Aussagen über den Projektleiter und seine Inkompetenz, qualifizierte Mitarbeiter zu halten, schnell die Runde. Der Einzige, der davon (zumindest auf dem direkten Weg) nichts mitbekam, war Dr. Straßer.

»Mal ganz davon abgesehen, dass es gar nicht sicher ist, weshalb und warum der Herr Rose das Projekt und unser Haus verlässt, warum spricht man nicht offen darüber?« Das wollte Sandra bei einem ihrer inzwischen regelmäßigen Besuche im Projektbüro von Kerstin Weidner wissen.

Das Brodeln in der Gerüchteküche verunsicherte die Studentin zusehends. »Na ja, das kann mehrere Gründe haben. Beginnen wir mal beim Projektleiter. In seiner Verantwortung liegt es, eine Kommunikationsplattform für das Projekt aufzubauen, auf der jeder Mitarbeiter des Projekts die Möglichkeit hat, sich regelmäßig und zeitnah über alles Wichtige zu informieren. Wie sieht es mit der aktiven Kommunikation aus, was wird dafür gemacht? Gab es denn die Möglichkeit, in regelmäßigen Besprechungen die erreichten Ergebnisse zu diskutieren und Probleme anzusprechen? Wurden Workshops durchgeführt, um jedem Teammitglied das Einbringen seiner Kompetenzen zu ermöglichen? Es liegt für mich doch die Vermutung nahe, dass Jörg Straßer hier etwas übersehen hat. Damit hat er keine Möglichkeit geschaffen, um wichtige Sachverhalte schnell bzw. rechtzeitig zu kommunizieren. Ein ganz anderer Grund könnte in der Umgebung des Projektleiters gesucht und wohl auch gefunden werden.

Umfeldfaktoren innerhalb der Organisation gibt es viele, besonders interessant erscheinen aber die Mitarbeiterschaft, die Kollegen aus dem Führungskreis des Projektleiters und das Topmanagement,« gab sie zu bedenken.

Ein Blick auf die Mitarbeiter

Kerstin Weidner fuhr fort: »Es könnte einen Mitarbeiter geben, der eine Motivation hat, dem Projektleiter zu schaden. Da gibt es viele Gründe, z.B. Neid, Hass, gekränkte Eitelkeit. Die Liste könnte beliebig fortgesetzt werden. Der oder die Betreffende schädigt über das bewusste Streuen von Gerüchten. Eine Informationsplattform für das Projekt würde die Gelegenheit bieten, hier aktiv gegenzusteuern. Leider gibt es offenkundig keine.« »Wer hat versagt?«, wollte Sandra wissen. »Klar, der Projektleiter.« Kerstin Weidner zuckte mit den Schultern. »Er hat die Verantwortung für die Kommunikation im Projekt, im konkreten Fall auch für die negative Kommunikation. Die sich nun gegen ihn richtet.«

Blick auf die Kollegen im Führungskreis

Immer noch fiel Kerstin Weidner etwas Neues ein: »Prinzipiell gilt für Kollegen das Gleiche wie für Mitarbeiter. Es kann jedoch vorkommen, dass es entsprechende Plattformen gibt, diese aber ungenutzt bleiben. Kommen dann wieder ein oder mehrere negative Motivationsfaktoren ins Spiel, ist dem Mobbing Tür und Tor geöffnet. Einhalt kann und muss geboten werden, leider hat der Projektleiter nur sehr geringe Möglichkeiten, deshalb muss nun jeder Mitarbeiter aktiv werden. Die drei Siebe guter Kommunikation, die der griechische Philosoph Sokrates benannt hat, helfen uns dabei zu selektieren.«

»Welche sind das denn?«, wollte Sandra wissen. »Erinnerst du dich nicht an den Geschichtsunterricht?« »Nein, das habe ich verdrängt.« »Okay, prüfe bei jedem Gespräch die Relevanz, die Wahrheit und die Güte der Kommunikation! Bei Irrelevanz sollte abgeblockt werden.« »Ja, weil ich Wichtigeres und Besseres zu tun habe, als meine Zeit mit diesem für mich nicht relevanten Tratsch zu vertun«, meinte Sandra. »Genau«, ergänzte Kerstin Weidner, »dann liegt die Forderung auf der Hand, dies entsprechend anzusprechen. Entweder direkt, was aber viel Rückgrat erfordert, oder über die Eskalation, z.B. zum Projektleiter.

Du bist dir unsicher, was den Wahrheitsgehalt des Gesprächs angeht? Dann frage doch den Übermittler der Botschaft einmal ganz direkt, von wem er die Information hat.« »Ich könnte auch direkt fragen, ob dies eine wahre Information ist und was damit bezweckt werden soll«, warf Sandra ein. »Wenn du hier schon ins Gespräch eingebunden wirst, ist das doch nur recht und billig, oder?« Kerstin Weidner grinste. »Nun überlegen wir mal, diese für uns relevante Sache wegen des unklaren Wahrheitsgehalts mit einer Person zu besprechen, die die Hintergründe kennt. Dort werden wir um eine Klärung des Sachverhalts bitten. Ich denke, wenn ich das so meinem Gegenüber vorschlage, werde ich ganz schnell ein ganz gutes Gefühl bekommen, was den Wahrheitsgehalt der Kommunikation anbelangt.« Sandra nickte nachdenklich.

»Das dritte Sieb, das der Güte, meint nicht, dass es eine gute Nachricht sein muss, die überbracht wird. Sie betrifft vielmehr die Form der Kommunikation. Das Gespräch im Flur, die Information, die hinter vorgehaltener Hand übermittelt wird. … Haben Sie schon gehört … die Spatzen pfeifen es ja schon von den Dächern … «, zählte Kerstin Weidner beispielhaft auf und fuhr fort: »Diese Sachen gehören in die Kategorie ungütiger Kommunikation, weil sie intrigant, verletzend und schädigend sind.« »Ja, das sehe ich auch so.« Sandra konnte nur zustimmen. Kerstin Weidner ergänzte: »Da müssen wir uns entziehen und in besonders schweren Fällen über den Vorfall berichten bzw. das ganze Thema eskalieren.« »Wir hätten ja in Besprechungen die Gelegenheit, den Gerüchten, Intrigen etc. entgegenzuwirken, wir müssten ja nur um Klärung bitten.« »Ja, damit könnten dann der Projektleiter und sein Projektteam dem Mobbing aktiv entgegenwirken.«

Fortsetzung folgt.

Erkenntnisse

◯ Mobbing ist ein Zeichen von Schwäche, z.B. bei:

◯ Führungskräften, weil sie zu schwach (feige) sind

- Entscheidungen zu treffen,
- Maßnahmen zu ergreifen,
- aktiv zu werden, wo es gefordert ist, und
- rechtzeitig die richtigen Prozesse anzustoßen.

◯ Mitarbeitern, weil sie die relevanten Dinge nicht oder mit dem falschen Adressaten besprechen, ohne dabei konstruktive Lösungen zu formulieren und das Ganze ggf. zu eskalieren.

◯ Kollegen, weil sie sich nicht gütig und nachsichtig zeigen und dabei vergessen, dass jeder das Recht hat, Fehler zu machen (wir alle sind nur Menschen!).

◯ Offene und ehrliche Kommunikation erfordert in erster Linie eine starke Führung.

◯ Kommunikation muss formelle und informelle Bausteine beinhalten. Formelle Bausteine sind z.B. Besprechungen, Meetings, Präsentationen, Kummerkästen, eine Homepage zur passiven Kommunikation oder Mitarbeiterbriefe. Informelle Bausteine sind z.B. Outdoor-Events, Betriebs- und Projektfeiern oder Jubiläumspartys.

P.S.: Nicht das Mobbingopfer, sondern der Mobber
ist die sozial inkompetente Person!

Herdplatten und Eisflächen

Achten Sie darauf, dass Ihr Team richtig arbeitet. Schaffen Sie Arbeitsplätze, an denen es keine Störung gibt, z.B. indem Sie winzige Einzelarbeitsplätze, durch Stellwände voneinander getrennt einrichten. Blumen, Pflanzen, Bilder und dergleichen sind verboten. Am besten, Sie setzen alle Mitarbeiter Ihres Projektteams möglichst weit auseinander (Sie sprechen dann von global agierenden, räumlich verteilten Teammitgliedern). Bringen Sie immer neue Spieler ins Team.

Sorgen Sie dafür, dass jede Information möglichst vollständig über Sie läuft. Beziehen Sie aber dennoch möglichst viele Kommunikationsschnittstellen ein, so haben Sie immer die Möglichkeit, einen Mitarbeiter bloßzustellen, wenn er nicht in Ihrem Sinne kommuniziert hat.

Sagen Sie konkret, was, wann und von wem zu liefern ist, und geben Sie möglichst klare Anweisungen. Legen Sie dabei keine Rollen des Projektmanagements fest (Teilprojektleiter, Arbeitspaketverantwortlicher, Controller, Qualitätsmanager etc.), lassen Sie es einfach laufen. Lassen Sie Dokumente, bspw. Besprechungsnotizen und Berichte, immer an Sie geben. Achten Sie aber auch darauf, dass diese Dokumente bei Ihnen bleiben und niemals für Ihre Mitarbeiter offen zugänglich sind. Den Begriff »Herrschaftswissen« gibt es schließlich nicht ohne Grund. Vermeiden Sie unbedingt, E-Mails etc. sofort zu beantworten.

Erkenntnisse

○ Es geht nichts über ein gutes Raumklima.

○ Gute Kommunikation bedarf der Nähe.

○ Informationen müssen fließen können, ohne unnötige Unterbrechungen und schnell.

○ Ihre Mitarbeiter haben auch eine gute Ausbildung erhalten, sie können was und wollen das in aller Regel auch zeigen.

○ Jeder braucht Chancen, um zu zeigen, was er drauf hat.

○ Ein Projekt bedarf der Offenheit der Beteiligten.

○ Offenheit führt zu neuen Ideen und Abwechslung.

○ Durch Offenheit wird man aufmerksam für eigene und fremde Emotionen.

○ Man muss bereit sein, traditionelle Werte und eingefahrene Wege in Frage zu stellen.

Arbeiten im Projektteam

Die Stakeholder meines Projekts wollen und müssen über den Status des Projekts informiert sein. Dafür sorge ich u.a. durch:

- Regelmäßige Besprechungen
- Meilenstein-Terminsitzungen
- Phasenübergangssitzungen
- Projektreviews
- Projektabschlusssitzungen

Bei der aktiven Information achte ich auf die Qualität der

- Telefonate
- Korrespondenzen
- Besprechungen
- Präsentationen

Bei der passiven Information achte ich auf die Qualität der

- Downloadmöglichkeiten
- Web-Auftritte

Bei der Kommunikation achte ich generell darauf, dass mit- und nicht übereinander gesprochen wird. Ich beachte die drei sokratischen Siebe guter Kommunikation und überprüfe immer

- Relevanz
- Wahrheit
- Güte

Bei allen Aspekten der Information und Kommunikation liegt die Verantwortung bei mir als Projektleiter. Die einzige Ausnahme ist die Information und Kommunikation innerhalb der Stabsorganisation, hier kann ich nur Ratschläge und Empfehlungen geben.

Herdplatten und Eisflächen

Egal wie gut oder schlecht ein Teammitglied gearbeitet hat, jedes Teammitglied wird gelobt. Sie loben immer im Beisein möglichst vieler Mitarbeiter, aber ohne Gewichtung bzw. wahrhaftige Einschätzung der Leistung.

Achten Sie darauf, dass Angst und Verunsicherung einziehen. Sie starten am besten damit, dass Sie Boni streichen, z.B. gibt es keine Coins für Kaffeeautomaten oder besondere Parkplätze für die Mitarbeiter mehr. Lassen Sie auf keinen Fall die kleinen Gratifikationen aus. Schmeißen Sie erst einmal einige unliebsame Kollegen aus dem Team, aber bitte subtil! Heizen Sie ihnen ein, damit sie von sich aus, aber schnell gehen.

Gute Leute beauftragen Sie mit unlösbaren Aufgaben und zeigen ihre Unfähigkeit auf. Sie scheuen sich nicht, einen Brief mehrfach zu korrigieren.

Sie arbeiten bewusst mit Gerüchten. Wenn etwas schlecht gelaufen ist, suchen Sie sich einen Verantwortlichen, den Sie Ihrem Auftraggeber als Schuldigen präsentieren können. Wenn etwas gut gelaufen ist, holen Sie sich das Lob persönlich ab.

Erkenntnisse

○ Niemals mit Lob und Anerkennung geizen.

C Loben ist wichtig, aber bitte richtig.

Der Ton macht die Musik

Nach der Besprechung wurde Jörg Straßer vom Teilprojektleiter Karsten Feldmann angesprochen. »Wissen Sie, Dr. Straßer, oft fühle ich mich gestresst, im wörtlichen Sinne, ich stehe unter Druck. Dann kommt ein Mitarbeiter und möchte noch schnell eine Entscheidung. Eigentlich sollte eine Aufgabe bearbeitet werden, dies wurde aber nicht so durchgeführt, wie wir das verabredet hatten oder wie ich mir das vorgestellt habe. Aus irgendwelchen Gründen war ein Mitarbeiter oder Kollege unachtsam… und dann?« Mit gesenktem Kopf fuhr er fort: »Es fällt ein scharfes Wort, ich erhebe meine Stimme und werde einfach nur laut. Für meinen Mitarbeiter ist das am Ende immer verletzend. Wenn es glücklich ausgeht, sagt er mir, wie die Botschaft bei ihm angekommen ist.«

Jörg Straßer sinnierte. »Dies böte Ihnen dann auch die einzigartige Chance, sich zu entschuldigen.« Karsten Feldmann meinte einschränkend: »Ja, aber falls der Mitarbeiter nicht von sich aus auf die Sache zu sprechen kommt, wird es schwierig. Ich bräuchte dann eigentlich einen neutralen Beobachter, der anschließend als mein Ratgeber über seine Wahrnehmung eine Rückmeldung gibt.« »Und danach?«, wollte Jörg Straßer wissen.

»Ja, ich könnte mich dann entschuldigen!« »Wir lernen«, sagte Jörg Straßer, »der Ton macht die Musik.« »Gibt es eine Alternative zur Entschuldigung?«, wollte Karsten Feldmann wissen.

»Ja, klar«, sagte Jörg Straßer. »Es macht doch Sinn, die Sprachgewalt, die Lautstärke und die Zwischentöne weicher zu gestalten. Das schafft ein Klima für Kommunikation und verhindert Verletzungen. Es gilt immer zu bedenken, dass besonders in Krisenzeiten und bei Konflikten die Nerven blank liegen und demgemäß auch die Schmerzen bei harten Worten noch größer sind als unter normalen Projektbedingungen. Das Kommunikationsproblem liegt in erster Linie beim Sender«, erklärte Jörg Straßer, »nicht beim ›Empfänger‹ einer Botschaft. Dies ist dann auch gleichzeitig die Chance für den Sender. Es liegt in seiner Macht, die Botschaft verbindlich, aber nicht verletzend zu formulieren. Durchschnaufen, lächeln, Blickkontakt aufnehmen, klar und verständlich kommunizieren und die Stimme ruhig und sanft halten. Wir sind schließlich nicht auf dem Kasernenhof!« Karsten Feldmann war froh, mit seinem Projektleiter geredet zu haben. Seit seinem ungerechtfertigten Ausfall angesichts der Arbeit seiner Werkstudentin hatte er sich extrem unwohl gefühlt. Er beschloss, Farbe zu bekennen und sich aufrichtig und in aller Form bei Sandra zu entschuldigen.

Fortsetzung folgt.

Erkenntnisse

○ Respekt ist nicht alles, aber etwas Wesentliches!

C Man darf weder andere Menschen, noch ihr Werk kleinmachen.
Nicht was sie geleistet, nicht was sie geschaffen haben, nicht was sie
besitzen und nicht was sie anhaben. Denn das wirkt immer verletzend, demütigend und erniedrigend! Es ist letztendlich respektlos.
Kein Mensch hat es verdient, respektlos behandelt zu werden.

○ Man muss das Werk anderer Menschen großmachen und loben. Was
sie geleistet und geschaffen haben, was sie besitzen und anhaben. Das
wirkt heilend, ermutigend und erhöht! Es ist respektvoll.

**Herzlichen Glückwunsch zu
dieser außergewöhnlichen
Arbeit.
Vielen Dank!**

P.S.: Mit der Kunst des Lobens begann die Kunst des Erfreuens.

Voltaire

P.P.S.: Heute schon gelobt?

Stoßlüften funktioniert nicht nur in der Küche!

Dr. Straßer rollte mit den Augen: »Das fällt mir doch im Traum nicht ein, dass ich bei Kollege Rose vorstellig werde.« Sein Tonfall war ruhig, aber gleichzeitig sehr bestimmt und ließ an Klarheit nichts zu wünschen übrig. Eigentlich wollte Dr. Riemer Projektleiter Dr. Straßer nur eine Brücke bauen. Die Besprechung lief wirklich ganz schlecht, und leider hatte der von ihm sehr geschätzte Projektleiter einiges dazu beigetragen.

»Natürlich haben sich die einzelnen Punkte zu einem Haufen großer Probleme aufgetürmt. Lieber Dr. Straßer, ich kann Ihren Unmut und Ihren verletzten Stolz sehr gut verstehen. Dennoch empfände ich es als ein Zeichen von Größe, wenn Sie mit Wilfried Rose noch einmal sprechen würden. Ich glaube, dass sich vieles recht einfach über das persönliche Gespräch regeln lässt. Eine unschöne Situation lässt sich doch auf diesem Weg schnell bereinigen.« »Nein«, antwortete Straßer, »mein Entschluss ist gefasst und Ihre netten Worte können mich da keinesfalls umstimmen.« Mit bleichem Gesicht wandte er sich zur Tür. Bevor er den Raum verließ, wünschte er Dr. Riemer noch einen schönen Abend.

»Was ist denn mit dir passiert, haben sie dir irgendetwas in deinen Kaffee getan? Los sag schon, was ist passiert?« Mit besorgter Mine saß Sabine ihrem Mann am Esstisch gegenüber. Er kaute lustlos und stumm auf seinem Steak herum.
»Nicht jetzt, ich möchte mein Essen genießen«, nölte er zurück. Sie ließ nicht locker: »Los, jetzt red schon, sonst schmeckt mir mein Steak nicht mehr!« Jörg berichtete von der Besprechung und dem aus

seiner Sicht unmöglichen Verhalten der Mitarbeiter. Am schlimmsten war das Gebahren von Herrn Rose.

»Mensch, dem Mann habe ich so und so oft Chancen gegeben, der ist grenzenlos unfähig. Fachlich eine Niete und menschlich einer, der mit der heißen Nadel gestrickt ist. Bei ihm ist auf jedes Wort zu achten und alles legt er auf die Goldwaage. Ich bekomme so einen Hals, wenn ich an den denke. Dann verlangt Dr. Riemer auch noch, dass ich bei ihm anrufe, um alles zum wiederholten Male durchzukauen.« Aufmerksam hörte Sabine ihrem Mann zu. »So, jetzt weißt du alles.« Jörg schob sich ein Stück Steak in den Mund. »Was denkst du? Was rätst du mir?«

Sabine kannte ihren Mann gut genug, um einige Dinge richtig einordnen und auch ansprechen zu können. »Du bist sehr intelligent und dein ganzes Wesen würde ich als zupackend beschreiben. Ein drahtiger Typ bist du auch, und da liegt eines deiner Probleme. Wenn du nicht genügend gegessen hast, neigst du zur Unterzuckerung, dann reagierst du cholerisch und manchmal recht explosiv. Das ist die eine Sache, die andere Sache hat etwas mit deiner Kompetenz zu tun. So intelligent und zupackend wie du bist, hast du dir immer schon in kurzer Zeit eine erhebliche Reputation aufgebaut, und das macht dich zuweilen stolz und überheblich.«

Langsam und bedächtig arbeitete Sabine die Kernprobleme ihres Mannes noch einmal heraus. Er kommentierte jeden Satz, den Sabine sagte, mit einem Nicken. Ohne zu unterbrechen, ließ er ihr die Möglichkeit, alles darzulegen, so wie sie es verstanden hatte. Sie ist toll, wie sie alles so schnell erfasst und klar auf den Punkt bringt, dachte er. Er schaute ihr tief in die Augen, als sie ihm seine körperliche Beschaffenheit, die Problematik mit dem Unterzucker und seine Kernprobleme darlegte. Er konnte dies alles gut nachvollziehen und an der Analyse gab es nichts zu deuteln, ja, damit hatte sie ins Schwarze getroffen.

»Das bedeutet für dich, lieber Jörg, dass du einfach auch untertags mehr essen musst. Damit bekommst du den Unterzucker in den

Griff. Das ist aber nur die eine Seite der Medaille.« Jörg hörte auf zu kauen. »Wie, nur die eine Seite der Medaille. Was kommt jetzt noch?« »Nun«, antwortete Sabine, »oft ist es so, dass einem körperlichen Problem ein psychisches auf dem Fuße folgt. Wir sind alle nicht perfekt. Und bei dir sehe ich ein Defizit, das vor allem mit deinen Erfolgen zu tun hat. Was du erreicht hast, ist toll, und du bist ein ausgezeichneter und kompetenter Partner. Du vermittelst Stärke, gibst klare Anweisungen, du bist verlässlich und bei deiner Erfolgsorientierung auch immer ein optimistischer Mensch. Mit dir ist und arbeitet man sehr, sehr gerne zusammen. Deine Teammitglieder mögen das in der Regel auch so bestätigen. Und ich kann wieder einmal sagen, dass ich mit dir sehr gerne zusammenlebe. Doch bei all dem musst du vorsichtig sein, dass dein Verhalten nicht den Eindruck der Überheblichkeit oder schlimmer noch, bei den Menschen, die um dich sind, den Eindruck hinterlässt, dass du ein stolzer Pfau bist.« »Waaas?«, entfuhr es Jörg mit einem gequälten Lachen. »Ich soll überheblich und stolz sein? Niemals habe ich diesen Eindruck erwecken wollen, wie kommt man denn darauf?«

»Gut«, sagte Sabine, »du hast mich um meine Meinung gebeten. Ich habe den Sachverhalt angesehen und eben gesagt, wie sich bestimmte Dinge für mich darstellen. Du kannst natürlich darüber hinweggehen, dazu hast du die Möglichkeit und auch das Recht. Wir könnten aber auch weiterreden und der Frage nachgehen, was man daraus machen kann.« »Jetzt kann ich das nicht, lass uns morgen früh noch einmal darüber sprechen.« Jörg war jetzt noch nachdenklicher als zuvor.

Beim Frühstück war er dann sehr kleinlaut. Etwas unausgeschlafen und mit leichten Augenrändern begann er, über seine sehr unruhige Nacht zu sprechen. »Und bei allem ist mir deine Analyse von gestern Abend nicht mehr aus dem Kopf gegangen. Du hast recht, manchmal bin ich wirklich sehr eitel und stolz.« »Das darfst du auch sein«, warf Sabine ein, »du hast ja schon sehr viel erreicht, was dich stolz machen kann.« Jörg bekannte: »Ja, aber ich darf andere Menschen damit nicht überrennen.«

Jörgs Mine erhellte sich wieder: »Ich werde mich heute gleich mit Wilfried Rose zusammensetzen und mit ihm reden. Er hat möglicherweise Probleme in seinem Teilprojekt, von denen ich nichts ahne. Das Projekt soll nicht an meiner Engstirnigkeit scheitern.« »Du wirst sehen, die Sache ist weit problemloser, als es sich im ersten Moment anfühlt«, sagte Sabine, während sie ihrem Mann verständnisvoll in die Augen schaute.

Fortsetzung folgt!

Erkenntnisse

○ Wir sind alle Menschen, d.h. wir haben Stärken, auf die wir aufbauen können.

○ Jeder Mensch hat Schwächen – und die darf er auch haben.

○ Niemand kann uns zurückhalten, wenn es um den gütigen Umgang mit den Schwächen anderer Menschen geht.

○ Wir müssen für jedes Feedback, positives wie negatives, dankbar sein.

○ Das positive Feedback ist ein ausgezeichneter Motivationsfaktor.

○ Das negative Feedback ist das größte Geschenk, denn es zeigt, wo unsere Begrenzungen, Probleme und Verbesserungsmöglichkeiten liegen.

○ Niemand hindert uns daran, an unseren Begrenzungen zu arbeiten.

P.S.: Teuer ist mir der Freund, doch auch den Feind kann ich nützen;
zeigt mir der Freund, was ich kann, lehrt mich der Feind, was ich soll.

Friedrich von Schiller

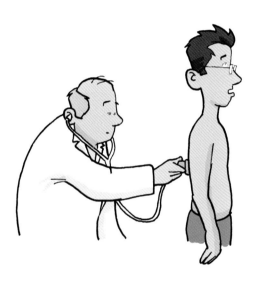

P.P.S.: Mensch lerne, lerne, frage, frage
und schäm dich nicht, zu lernen und zu fragen.

Paracelsus

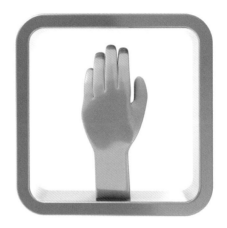

Konfliktmanagement

Konflikte liegen in der Natur des Menschen!

1. Konfliktvermeidung

Mein Hauptanliegen ist die Konfliktvermeidung.
Wie erreiche ich das? Indem ich

- Stakeholdermanagement betreibe,
- wichtige Informationen an den richtigen Adressatenkreis gebe,
- Feedback einhole, z.B. am Ende der Besprechung, des Workshops etc.,
- Projektreviews durchführe.

Ich bin sensibel und habe meine Antennen ausgefahren, um einen latenten Konflikt zu erkennen! Dennoch kann der Konfliktfall eintreten.

2. Konfliktmanagement – verdeckte Konflikte

- Liegt der Konflikt offen vor mir oder ist er verdeckt?
- Habe ich ein Beziehungsgeflecht aufgezeichnet?
- Habe ich die richtigen Konfliktpartner identifiziert?
- Habe ich Profile der Konfliktpartner erstellt?
- Habe ich die Konfliktpartner im Organigramm festgelegt?

3. Konfliktmanagement – offene Konflikte

- Habe ich den Konflikt in der Konfliktspirale eingeordnet?

- Habe ich überprüft, ob ich der richtige Konfliktmanager, in Abhängigkeit von meiner Projektorganisationsform, bin?
- Habe ich mir qualifizierten Rat eingeholt (Betriebspsychologe, Betriebsarzt, Betriebsrat, Schlichter, Mediator, Jurist, Fachvorgesetzter, Lenkungsausschuss etc.)?
- Habe ich den Konflikt an den richtigen Adressaten gerichtet, weitergeleitet bzw. eskaliert?

Warum brauchen Sie denn so lange?

»Wie lange wollen Sie eigentlich noch an dieser Prozedur arbeiten?« Eigentlich sollte der Programmteil längst abgearbeitet sein, doch immer wieder traten neue Probleme auf. Nun wurde es dem IT-Projektleiter Heinz Anger zu blöd. Er war sehr gespannt, was Markus Pohl heute wieder als Ausrede brachte.

»Nichts funktioniert wie geplant, immer wieder gibt es unvorhergesehene Probleme, die mich ordentlich zurückwerfen.« Markus Pohl war sehr kleinlaut, sein Blick ging ins Leere, seine Hand zitterte, als er nach seiner Tasse Kaffee griff. Dieses Zittern verstärkte sich, als er die Tasse zum Mund führte. Es besserte sich auch nicht, als er mit der zweiten Hand unterstützend nach der Tasse griff. Heinz Anger stutzte, beugte sich weit zu Markus Pohl herunter und fragte, welche Lösung er jetzt vorschlagen würde. Markus Pohl brachte einige schwer verständliche Worte heraus, aus denen sich der Sinngehalt des gesamten Satzes kaum erschließen ließ. Das Gesagte reichte aber, um zu erkennen, dass der Atem von Markus Pohl nicht nur nach frischem Kaffee roch.

Anger erschrak. Morgens um neun Uhr hatte Markus Pohl bereits eine Alkoholfahne, das machte ihn sehr betroffen. »Ich verstehe«, sagte er mit fester Stimme, »dann werde ich Ihnen den Rücken freihalten und Sie haben noch etwas mehr Zeit. Es wäre mir lieb, wenn wir ab sofort regelmäßig über Ihren Arbeitsfortschritt sprechen könnten.

Ich schlage vor, dass wir uns jeden Morgen um neun Uhr kurz treffen und über den Fortschritt, den Fertigstellungswert und die anstehenden Probleme sprechen.« Markus Pohl willigte ein. »Ich muss mich mal frisch machen«, entschuldigte er sich und verschwand Richtung Toilette. Angers Blick richtete sich auf den Papierkorb. Unter zerknülltem Papier entdeckte er etwas Merkwürdiges. Er griff in den Korb und nahm eine leere Weinbrandflasche an sich. Gut, jeder kann mal was trinken oder vom Vorabend noch ein wenig benebelt sein. Doch Markus Pohl wirkte nicht wie ein Partylöwe, ganz das Gegenteil war der Fall.

Am nächsten Morgen bei der angekündigten Besprechung fielen Herrn Anger andere Details auf. Pohls Fingernägel waren zum Teil abgekaut und insgesamt ungepflegt. Der Zeigefinger und der Mittelfinger der rechten Hand waren gelblichbraun verfärbt, ein Zeichen starken Zigarettenkonsums.

Pohl berichtete, dass er jetzt mit Sport begonnen hätte. Er gehe regelmäßig zum Joggen und das würde ihm sehr gut tun. »Das ist ja klasse, ich laufe auch sehr gerne«, sagte Heinz Anger lächelnd. »Was halten Sie davon, mal ein paar Kilometer gemeinsam zu laufen? Wann würde es bei Ihnen mal passen? Heute oder morgen vielleicht?«

»Ich habe schon etwas anderes vor, deshalb wird das nicht klappen«, gab Pohl leise zurück. »Ein anderes Mal gerne. Lassen Sie uns noch einmal drüber sprechen.« »Gut«, meinte Anger.
»Nun zur Frage des Arbeitsstatus.« Anger kam zum Punkt. Hier zeigte sich aber faktisch überhaupt kein Fortschritt, und die Ausflüchte waren an den Haaren herbeigezogen. Nach der Besprechung ging Anger in sein Büro und dachte über die Situation nach. Sein Verdacht und die Indizien, die er gefunden hatte, deuteten doch massiv auf Alkoholkonsum in problematischem Umfang hin. Irgendetwas musste er tun, das war ihm klar.

Er ging die einzelnen Möglichkeiten durch. Er könnte die Sache direkt ansprechen und Pohl würde leugnen. Selbst Hilfe, die er ihm anbieten würde, Ratschläge, die er im geben würde, würden ins Leere laufen. Er wusste, dass der schlechteste aller Ratschläge der ungefragte Rat ist. Damit fiel diese Option aus. Das Gespräch mit dem Fachvorgesetzten könnte doch eine gute Idee sein, dachte er. Er kannte den Abteilungsleiter nur zu gut. Er war als jähzorniger Vorgesetzter verrufen. Anger dachte sich oft, dass er das Arbeitsklima unter solch einem disziplinarischen Vorgesetzten nicht aushalten würde. Gleichwohl machte er sich keine Sorgen, denn die Arbeitsfelder waren so weit voneinander entfernt, dass eine Konfliktsituation für ihn immer außerhalb jeder Vorstellung lag. Schon deshalb wollte er nun die Möglichkeiten sorgfältiger analysieren, bevor er Schritte in diese Richtung gehen würde.

Er fragte sich, ob dem Abteilungsleiter der starke Alkoholkonsum seines engen Mitarbeiters über lange Zeit hat verborgen bleiben können. Seine Antwort fiel knapp und klar aus. Nein, er musste es wissen und er hatte nichts getan, hat sich nicht gekümmert, wie es seine Pflicht und Verantwortung als Vorgesetzter gewesen wäre. Er sah hier keine Lösung, denn er konnte und wollte das Problem gegenüber diesem Kollegen lieber nicht ansprechen.

Am Ende verblieb nur die Eskalation zum Entwicklungsleiter, Dr. Riemer, der sich bislang in allen brenzligen Situationen als loyal und kompetent erwiesen hatte.

Als alles gesagt war, stand Dr. Riemer auf und blickte sehr lange und nachdenklich aus dem Fenster. »Ich bin ganz ehrlich, ich habe keine Ahnung, wie wir uns verhalten müssen. Aber eines weiß ich: Wenn Markus Pohl ein Alkoholproblem hat, fällt das unter das weite Feld der Krankheiten. Ich bin kein Mediziner, habe also hierfür weder eine Idee noch einen Plan.« Anger stutzte, ihm war eine Idee gekommen. »Ich weiß jetzt, wer die richtigen Lösungen und den passenden Plan haben muss!« »Wer?«, wollte Dr. Riemer wissen. »Unser Betriebsarzt. Den können wir einbeziehen, der weiß, wie man mit dieser Situation umzugehen hat, und als Arzt ist er zum Schweigen verpflichtet.« »Was wichtig für uns ist, um Ärger zu vermeiden.«
Dr. Riemer wählte eine Nummer, eine Frauenstimme meldete sich. »Dr. Carola Weigel, betriebsärztlicher Dienst.«

Fortsetzung folgt.

Erkenntnisse

○ Nicht immer sofort und direkt alle Sachverhalte ansprechen, die einem durch den Kopf gehen, denn man könnte sich in die Nesseln setzen.

○ Erst mal nachdenken und die Varianten bedenken.

○ Mit dem richtigen Partner sprechen, nur selten ist der erstbeste Kollege geeignet.

○ Die größten Probleme bedürfen der Hilfestellung durch Spezialisten, Menschen, die sich mit so etwas auskennen und die die erforderliche Distanz, aber eben auch Autorität haben.

○ Ein Problem zu eskalieren ist keine Schande!

P.S.: Ich brauche keine Bücher zu lesen, um zu wissen, dass das Grundthema unseres Lebens Konflikt ist; alle meine Clownereien entspringen dieser Erkenntnis.

Charlie Chaplin

Einem erstklassigen Manager passiert so was nicht!

»Wie sehen Sie denn aus?« Mit einem suchenden Blick rang Jörg Straßer nach einer Antwort. Mit der direkten Frage hatte Dr. Riemer ihn überrascht. Gut, Riemer war bekannt für seine offene Art, er konnte problemlos über alle fachlichen Dinge sprechen und auch die dazu passenden, oft bohrenden Fragen stellen. Doch wie gesagt, das waren fachliche Themen.

»Was soll ich Ihnen sagen?« »Am besten die Wahrheit«, schob Dr. Riemer nach. »Nun«, begann Jörg Straßer, »einige Dinge laufen derzeit nicht so gut. Es gibt reichlich Probleme mit dem Projektfortschritt. Wir kommen mit unseren Tests nicht gut voran. Ich befürchte, wir sind auf dem falschen Weg. Dann haben wir Ausfälle bei einigen Schlüsselmitarbeitern. Frau Haus geht in Mutterschutz, Herr Feldmann wird sehr oft aus dem Projekt abgezogen, um im Tagesgeschäft Löcher zu stopfen. Es gibt Lieferengpässe mit wichtigen Grundstoffen. In einigen Lieferbereichen ist der Weltmarkt derzeit wie leergefegt. Gut, wir können natürlich zu höheren Preisen das ein oder andere Mal einkaufen, das treibt aber unsere Kosten in unerwartete Höhen. Ich arbeite mit Hochdruck, aber viele Dinge gehen mir nicht von der Hand. Ich fühle mich wie ein Hund, der seinem Schwanz nachrennt. Am Ende des Tages bin ich erschöpft, sehe aber, dass ich keinen Meter vorwärts gekommen bin.

Ich nehme seit Wochen schon Arbeit mit nach Hause, E-Mails beantworte ich praktisch rund um die Uhr, dennoch geht nichts mehr voran. Langwierige Besprechungen, oftmals ohne greifbare Ergebnisse, Unterbrechungen durch wohlmeinende Kollegen und Telefonate, dann muss ich mich auch noch um Sachen kümmern, die eigentlich gar nicht auf meine Agenda gehören.« Straßer sprach immer schneller, während er die Punkte aufzählte, seine Stimme erhob sich merklich und das Herzrasen stand ihm spürbar ins Gesicht geschrieben.

»Stopp!« rief Dr. Riemer und griff nach Jörg Straßers Arm. »Lassen Sie uns ein paar Meter laufen und frische Luft schnappen. Ich möchte Ihnen gern eine kleine Geschichte von einem großen Projekt erzählen. So oder zumindest so ähnlich hat sich die Sache zugetragen. Ich möchte Sie mitnehmen auf eine Zeitreise.« Karl Riemer und Jörg Straßer verließen das Büro. »Wir sind bei einer Besprechung«, rief Dr. Riemer seiner Sekretärin noch rasch zu.

»Heute schreiben wir den 4. Juni 1944 und wir befinden uns in Südengland. Ihr Blick geht über die Küste und das, was Sie hier sehen, ist sehr überwältigend.« So begann Dr. Riemer die Geschichte. »Das glaube ich wohl«, meinte Jörg Straßer. »Ich vermute, ich sehe eine große Zahl an Landungsbooten, Schiffen unterschiedlicher Größe und auch ziemlich viele uniformierte Menschen.« »Genau! Sie wissen also, von welchem Ereignis ich spreche?«

»Ja, ich denke schon, es dürfte sich um die letzten Vorbereitungen für den D-Day handeln.« »Richtig, dieses Projekt wollen wir uns mal ansehen. Diese letzten Vorbereitungen zeigen uns den kurz bevorstehenden Start eines großen Projekts. Was denken Sie? Wurde dieses Projekt hektisch gestartet oder wohl durchdacht, mit genügend Zeit zur Analyse und Planung?«

»Nun, ich denke, es war wohl gut durchdacht, lief dann aber sicherlich unter Druck ab«, antwortete Jörg Straßer. »Zeitdruck und Stress sind doch bei jedem Projekt Kernprobleme, oder?« »Das scheint nur so.« Dr. Riemer grinste schelmisch. »Bedenken Sie bitte, dass es einen großen Unterschied zwischen Zeitdruck und Dauerstress gibt. Dauerstress entsteht, wenn man keinen Termin gesetzt hat, auf den man sich durch geeignete Maßnahmen konditionieren und auf den man hinarbeiten kann. Ein guter ProjektManager wird sich dem Dauerstress entziehen, indem er sich einen Endtermin setzt. Dies machen wir beim großen Projekt nicht anders. Ein guter Spruch des Projektmanagements lautet: Gib mir keine Dauer, sondern Termine. Damit möchte ich eine wichtige Empfehlung geben. Setzen Sie sich Termine und Zwischentermine. Damit machen Sie sich frei vom Dauerstress und setzen sich gleichzeitig unter bewusst wahrgenommenen Zeitdruck. Dauerstress macht krank, Zeitdruck spornt an.«

»Wissen Sie eigentlich, wer der Verantwortliche für das Projekt D-Day – eigentlich Overlord – war?« »Nein, keine Ahnung, ich wusste ja noch nicht einmal, dass die Sache ein Projekt war.« »Ja, sicherlich hat man es damals anders genannt, aber ein Projekt, nach unseren Maßstäben, war es ganz gewiss. Und der verantwortliche Manager für die Planung und Verwirklichung des Vorhabens war General Dwight D. Eisenhower.« »Ach, der war das, den Namen hab ich schon einmal gehört. War er nicht auch Präsident der Vereinigten Staaten?« »Ja, das war er, aber jetzt, im Jahr 1944, steht er vor ganz anderen Herausforderungen. Präsident wird er erst einige Jahre später werden. Vielleicht haben Sie eine kleine Vorstellung von seinen Herausforderungen? Dann wollen wir uns mal einen typischen Arbeitstag ansehen. Da fallen wichtige Mitarbeiter aus, zum Teil auf unbestimmte Zeit, zum Teil für immer. Es gibt Lieferengpässe bei Verpflegung, Material und Sprit, Tests mit Landungsbooten laufen sprichwörtlich aus dem Ruder und dann gibt es noch erhebliche Konflikte mit einem Generalskollegen Namens Patton, der nie tut, was man von ihm erwartet. Stellen Sie sich jetzt bitte vor, Sie müssten das Projekt leiten.«

»Ich wäre wohl ein Projektleiter«, sagte Straßer grinsend, »der an diesem Projekt wohl zugrunde gehen müsste.« »Ja, das denke ich tatsächlich auch, Sie würden unter der Last zerbrechen.«

Dr. Riemer fuhr fort: »Ike, wie Eisenhower von seinen Freunden genannt wurde, ist nicht unter der Last zusammengebrochen. Warum? Weil er sich ein Arbeitssystem zueigen gemacht hat, über das ich mit Ihnen sprechen möchte. Es ist ein genial einfaches System, das auch Sie anwenden können. Er benutzte seinen Schreibtisch!« »War der mit besonderen technischen Raffinessen versehen?«, wollte Straßer wissen. »Nein, nicht wirklich. Eisenhowers Schreibtisch war aber tatsächlich etwas anders als andere Schreibtische. Ich vermute, die

Farbe des Klebebandes war olivgrün.« »Welches Klebeband?« Straßer war neugierig. »Das Klebeband, mit dem er die Schreibtischplatte in vier Quadranten aufgeteilt hat. Aus unserer Projektarbeit kennen wir doch drei Hauptziele.« »Ja«, sagte Dr. Straßer, »die Leistungserbringung, die Termin- und die Kosteneinhaltung.« »Richtig. Nehmen Sie bitte das Projekt D-Day. Was denken sie, wo liegen die Zielprioritäten?« »Gab es denn einen Termin?« »Ja, das Projekt sollte mit der Befreiung von Paris bis Ende Juli des Jahres 1944 beendet sein.« »Gut«, sagte Dr. Straßer, »dann würde ich die Leistung, also die Vertreibung der Nazis aus Paris, auf die erste Prioritätenebene setzen. Dem Termin räume ich die zweite Prioritätenebene ein. Bei diesem Projekt handelt es sich um ein strategisch wichtiges Organisationsprojekt. Die Kosten für solche Vorhaben spielen häufig eine sehr untergeordnete Rolle. Also würde ich die Kosteneinhaltung auf die dritte Prioritätsebene setzen. Möglicherweise halte ich mich aber überhaupt nicht damit auf, sondern lege meinen Arbeitsschwerpunkt nur auf die Leistungserbringung und die Termineinhaltung.«

»Sehr gut«, sagte Dr. Riemer. »Vermutlich sah das auch unser Freund Ike so. Kommen wir zurück zu seinem Schreibtisch. Diesen Schreibtisch hatte er in vier Quadranten eingeteilt. Dabei dachte er sich ein Diagramm, das an der Grundlinie die Dringlichkeit aufzeigte. In seiner Unterteilung bedeuteten die linken Felder ›nicht dringlich‹ und die Felder rechts ›sehr dringlich‹. Auf die y-Achse seines Diagramms setzte er die Wichtigkeit der Themen. Hier unterteilte er in ›unwichtig‹ für die unteren Felder und ›wichtig‹ für die oberen. Damit hatte er vier Quadranten. Links oben: sehr wichtig, aber nicht dringlich. Links unten: nicht wichtig und nicht dringlich. Rechts oben: sehr wichtig und sehr dringlich. Rechts unten: sehr dringlich, aber nicht wichtig. Was würden Sie jetzt machen, nachdem Ihnen Eisenhowers Schreibtisch bekannt ist?« Dr. Straßer antwortete: »Ich würde zunächst alle Aufgaben, die mir vorliegen, in die vier Quadranten einsortieren.« »Sehr gut! Und dann?« »Dann würde ich mich dem Quadranten rechts oben zuwenden.« »Hm, das war nicht sehr gut«, meinte Dr. Riemer. »Was dann?« »Nehmen Sie sich den Quadranten links unten vor.« »Warum das denn? Da liegen doch nur die unwichtigen Dinge.« »Genau, die schmeißen Sie jetzt als Erstes einmal in den Papierkorb. Das schafft Platz auf Ihrem Schreibtisch. Und noch viel wichtiger: Raum für qualifizierte Arbeit.«

»Nun gut, das habe ich ja verstanden. Aber was soll ich denn machen, wenn zu einem späteren Zeitpunkt etwas Weggeworfenes benötigt wird?« »Sorgen Sie sich nicht, das wird wie durch Zauberhand wieder auf Ihrem Schreibtisch auftauchen. Jetzt können Sie es erst mal wegwerfen und Platz schaffen! Und erst jetzt gehen Sie zum Quadranten rechts oben. Den bearbeiten Sie aber bitte qualifiziert!«

»Was soll denn das bedeuten? Ich versuche doch immer, alles sehr konsequent und in guter Qualität zu bearbeiten.« »Ja, das machen alle Handwerker so, die etwas auf ihre Handwerkskunst halten. Aber nicht so die Handwerksmeister aller Jahrhunderte, die wussten, dass sie eigentlich Manager sind. Qualifiziertes Arbeiten hat hier einen anderen Grundtenor. Als Manager müssen Sie Dinge nicht zu Ende bearbeiten, sondern zur Delegationsreife bringen. Gemäß des italienischen Sozial- und Wirtschaftswissenschaftlers Vilfredo Pareto, können wir hier die 20/80-Regel anwenden. Sie besagt: Mit 20 Prozent unserer Aktivitäten erbringen wir 80 Prozent des tatsächlichen Erfolgs. Im übertragenen Sinne heißt das, Sie müssen die Arbeit gut vorbereiten. Dazu gehört z.B., wer die Aufgabe ausführen soll. Was benötigt er dazu? etc. Dann delegieren Sie. Dass, was delegiert wurde, liegt im Quadranten rechts unten und ist damit nicht mehr wichtig für Sie, aber natürlich immer noch dringlich. Ich schlage Ihnen vor, einen Kontrollzettel zu schreiben und darauf Termine zu fixieren, zu denen Sie sich beim AP-Verantwortlichen einfinden, um zu checken, wie weit die Arbeit ist und wo unter Umständen noch Hilfestellungen nötig sind.«

»Was soll ich mit dem Kontrollzettel machen?«, wollte Dr. Straßer wissen. »Den legen Sie bitte in den Quadranten links oben. Zum Zeitpunkt ›X‹ wird er aus diesem ›Wiedervorlagequadranten‹ nach rechts oben wandern und dann müssen Sie sich wieder mit dem Thema auseinandersetzen, also z.B. bei Ihrem Mitarbeiter vorbeischauen und nach dem Rechten sehen. In Ihrem Quadranten links oben liegen aber auch andere Themen. Themen, die eigentlich Ihre volle Aufmerksamkeit brauchen. Es sind strategisch relevante Themen. Themen, die Sie voll fordern, für deren Bearbeitung Zeit und Ruhe notwendig sind. Jetzt, nachdem Sie alles delegiert haben, bearbeiten Sie diese Themen, bevor sie dringlich werden. Damit werden Sie dem Zeitplan immer eine Nasenlänge voraus sein.« Dr. Straßer lachte: »… und Präsident werden.« »Warum denn nicht?«, neckte ihn Dr. Riemer. »Ich komme zurück zu unserem Schreibtisch. Ich denke, Ihr Leben wäre leichter, wenn Sie die vier Quadranten konsequent nutzen würden. In den linken oberen Quadranten sollten Sie ein strategisch wichtiges Papier legen, auf das Sie schreiben:

Das will ich:
1. beruflich
2. persönlich

Setzen Sie sich einen Endtermin, z.B. ab heute in zwei Wochen, und zwei Kontrolltermine in vier und in neun Tagen. Schreiben Sie bitte alles auf, was Ihnen wichtig und bedeutsam ist. Erfassen Sie, welche Dinge Sie in Ihrem Leben besitzen und welche Orte Sie besuchen wollen. Was Sie interessiert und wo Sie Lebensschwerpunkte sehen. Schreiben Sie auch auf, an welchen Projekten Sie arbeiten und welche Positionen Sie erreichen wollen. Mal sehen, vielleicht möchten Sie ja tatsächlich Präsident werden. Ich würde sie gern in vier Tagen an Ihrem Arbeitsplatz besuchen, um das herauszufinden.« Dr. Riemer lachte und verabschiedete sich.

Fortsetzung folgt.

P.S.: Es ist nicht wenig Zeit, die wir haben, sondern es ist viel Zeit, die wir nicht nutzen.

Lucius Annaeus Seneca

Zeitmanagement

1. Klarheit über meine Lebensziele
Damit ich überhaupt gutes Zeitmanagement betreiben kann, benötige ich Zielklarheit über meine Lebensziele. Um diese Zielklarheit zu erlangen, hilft mir

- die eigene Grabrede,
- das eigene Lebensmärchen und/oder
- die persönliche Lebensziel-Map.

Ich schreibe mit voller Vision alles auf, was ich in meinem Leben erreichen und schaffen, erleben und sehen, lernen und praktizieren etc. möchte.

2. Meine Wünsche
Die so erkannten Themengebiete geben mir Aufschluss über meine Mission, strategische Ausrichtung, Wünsche und Lebensvorstellungen.

3. Zeitmanagementmethoden
Nachdem ich diese für mich wichtigen Themen mit Maßnahmen und Terminen unterlegt habe, kann ich andere Aufgaben um **meine** Themen gruppieren, qualifiziertes Zeitmanagement betreiben und dabei geeignete Methoden anwenden (z.B. Terminplanung und -verfolgung, Ablage-, Dokumentations- und Archivierungssysteme, Schaffen einer ruhigen Arbeitsumgebung, in der ich konzentriert arbeiten kann, moderne Kommunikations- und Informationsmethodik etc.).

Erkenntnisse

○ Halte Ordnung, dann hält dich die Ordnung.

○ Prioritäten setzen ist einfach und gleichzeitig eine enorme Herausforderung.

○ Steter Tropfen höhlt den Stein und Prioritäten müssen konsequent und kontinuierlich gesetzt werden.

○ Konzentriert an einem Thema arbeiten und finalisieren.

○ Andere Menschen brauchen auch Aufgaben, durch clevere Delegation verschafft man sie ihnen und verteilt die Arbeit an sie.

○ Ich muss nicht alle Fehler selbst machen, andere Menschen brauchen auch eine Chance dafür. Als Manager kann ich ihnen die Chance geben, Fehler zu machen.

P.S.: Sei pünktlich! Lass nie Unordnung in deinen Papieren und Habseligkeiten einreißen. Mustere von Zeit zu Zeit deine Papiere, vernichte die unnützen.

August Graf Platen

Persönlicher Erfolg

Ich bin ein Prioritätenmanager. Dabei helfen mir
* die Relevanzmatrix mit der Abfrage, was dringlicher ist, und
* das Eisenhower-Prinzip mit seiner Einordnung in »wichtig« und »dringlich«.

Nachdem ich die Prioritäten gesetzt habe, gehe ich meine Themen an.

Themen mit

1. niedriger Dringlichkeit und niedriger Wichtigkeit
arbeite ich gar nicht ab, sondern verwerfe diese (ab in den Papierkorb!). Und wenn sich mal bei einem Themengebiet die Priorität ändern sollte, ziehe ich den Kopf ein, weil alles Notwendige gleich wieder auf meinem Schreibtisch landen wird. Ich kann also beim Entsorgen ganz mutig **und** entspannt sein.

2. hoher Dringlichkeit und hoher Wichtigkeit
zielstrebig und konsequent abarbeiten. Ich bin konzentriert bei der Sache und lasse mich **nicht** unterbrechen, ich nutze alle verfügbaren Informationsquellen und das Pareto-Gesetz (20/80).

3. hoher Dringlichkeit und niedriger Wichtigkeit
unter Zuhilfenahme der Kompetenzen anderer Menschen abarbeiten. Ich delegiere und mache meine Unterstützer erfolgreich.

4. niedriger Dringlichkeit und hoher Wichtigkeit
unter Berücksichtigung meines Wiedervorlagesystems an- bzw. abarbeiten. Häufig kann ich diese Themen leider nicht finalisieren, vielleicht, weil es sich um Routinetätigkeiten handelt, weil ich weiteren Input benötige oder weil mich dringlichere Aufgaben wieder fordern. Mit der erforderlichen Zeit und Ruhe gehe ich die Themen an.

Herdplatten und Eisflächen

Lernen Sie den 18-Stunden-Tag und die 6-Tage-Woche lieben. Gönnen Sie sich keine Pausen, ziehen Sie durch. Lassen Sie sich auch in Ihrer Freizeit nicht von Ihrem Projekt ablenken. Sind Sie unbedingt immer erreichbar! Lesen Sie vor allen Dingen Managementlektüre, Fach- und Sachbücher – auch im Urlaub.

Lassen Sie Ihre elektronischen Helfer, also Handy, BlackBerry und Notebook, immer schön eingeschaltet. Sie sind uneingeschränkt erreichbar, das zeichnet einen ProjektManager schließlich aus.

Sie treiben natürlich keinen Sport, Sie gehen nicht in die Sauna oder ins Schwimmbad, dafür haben Sie keine Zeit. Sie kommen gar nicht dazu, ins Theater oder Konzert zu gehen. Das Kino ist tabu für Sie. Lesen Sie keine Romane, musizieren Sie nicht, das würde Sie auf andere Gedanken bringen und Sie würden wertvolle Zeit verschwenden. Zur Entspannung setzen Sie sich vor den Fernseher.

Erkenntnisse

○ Tun Sie sich schwer, Entscheidungen zu treffen, bei Ihren Projekten genauso wie im persönlichen Bereich? Soll ich zum Meeting mit dem Auto fahren oder den Zug nehmen? Soll ich den Rollkragenpullover oder das Hemd anziehen? Wenn Sie sich in die Gruppe der Zögerer und Zauderer einordnen, dann werfen Sie ab sofort einfach eine Münze, wenn es um solch einfache Sachverhalte geht. Die allgemeine Lebenserfahrung zeigt: Leute, die eine Münze werfen, sind genauso erfolgreich, aber schneller als Leute, die auf ihr Gefühl vertrauen oder jene, die ihre Entscheidungen auf Analysen und auf rationelles Wissen aufbauen.

○ Es ist i.d.R. nicht wichtig, wie man sich entscheidet, es ist wichtig, dass man sich entscheidet!

○ Arbeitszeit, die nicht begrenzt ist, läuft aus dem Rahmen.

○ Die Balance zwischen An- und Entspannung muss beachtet werden.

○ Ablenkung und Zerstreuung, Frei- und Spielräume sind die Basis für neue Lösungen und außergewöhnliche Erfolge.

○ Zur täglichen Belastung im Beruf brauchen wir immer auch einen Ausgleich durch sportliche Aktivitäten und Fitnesstraining.

Wer will die Sorgen eines ProjektManagers haben?

»Nachts liege ich wach im Bett, ich kann nicht schlafen. Der Streit beim letzten Meeting quält mich noch immer. Karsten Feldmann hat zugesagt, die Ergebnisse seines Teilprojekts heute abzugeben, doch tatsächlich hat er gar nichts zuwege gebracht und auch nichts abgeliefert. Wenn ich mir den Zeitplan vor Augen führe, habe ich jetzt ein echtes Problem. Der Endtermin ist mehr als gefährdet, um nicht zu sagen unhaltbar. Mich bringt der Gedanke an das für Ende der Woche angesetzte Arbeitstreffen mit dem Lenkungsausschuss um den Schlaf. Sicherlich werde ich wegen Unfähigkeit als ProjektManager in der Luft zerrissen. Hätte ich das mit Karsten Feldmann vorhersehen können, vielleicht sogar vorhersehen müssen? Was hätte ich tun können? Wenn ich nur einen Plan für alles gehabt hätte. Was hätte ich alles anders machen können und was kann ich jetzt noch besser machen?«

Nach einer fürchterlichen Nacht war Jörg Straßer nicht in der Lage, ins Büro zu gehen. Er beschloss, sein Problem mit einem ›Personal Trainer‹ zu besprechen. Im Gespräch mit Heike Schneider schildert er noch einmal seine Probleme und die Päckchen, die er zu tragen hatte. »Nun, bei den Fragen der Planung kann ich Ihnen leider nicht helfen. Da müssten Sie mit einem Fachmann sprechen. Aber bei Ihren täglichen körperlichen und seelischen Belastungen als Manager kann ich Sie unterstützen«, munterte sie ihren neuen Schüler auf.

Sie erläuterte: »Dazu gleich vorneweg, ich werde Ihnen kurzfristig wirkende Methoden der Stressbewältigung vorschlagen. Damit werden wir Ihre körperlichen und seelischen Probleme in den Griff bekommen. Mein konkreter Vorschlag hierfür wäre ein auf Sie zugeschnittenes Programm, in dem sportliche Aktivitäten wie Ausdauer- und Kraftsport, Flexibilitätstraining, Muskelentspannung, Saunagänge und Massagen integriert sind. Hierzu würde ich Ihnen gerne einen Trainingsplan erstellen, den wir dann gemeinsam im Fitness-Studio durcharbeiten werden. Wir werden uns ab sofort viermal pro Woche sehen, um an Ihrer Stressbewältigung zu arbeiten.«

»Wie soll ich das bloß schaffen, ich habe ohnehin wenig Zeit?« Jörg Straßer blickte die Personal Trainerin fragend an. »Genau deswegen müssen Sie Ihre beruflichen Planungen mit einem Experten besprechen. Ich bin sicher, auch hier finden Sie viel Raum für Optimierungen. Für Ihre körperliche Fitness sollten Sie den vorgeschlagenen Zeitaufwand von vier Stunden wöchentlich unbedingt investieren! Außerdem schlage ich Ihnen ein Wochenende zur Entspannung vor. Das muss nicht unbedingt ein teures Wellness-Wochenende sein. Gehen Sie mit Ihrer Frau wandern, besuchen Sie ein Museum und lenken Sie sich mit einer Theateraufführung ab.« Jörg Straßer versprach, den Rat zu beherzigen. »Ich gebe Ihnen mein Wort darauf. Gleich heute Abend mache ich mit meiner Frau die Planung für das Wochenende.« Jörg Strasser beschloss, Nägel mit Köpfen zu machen. Trotz seiner Zeitknappheit buchte er für die nächsten Wochen die Trainingsstunden mit der Personal Trainerin.

Nachdem er das kommende Wochenende mit seiner Sabine besprochen und den Ablauf grob festgelegt hatte, schilderte er ihr seine allgemeine Situation. »Weißt du«, meinte sie, »mittelfristig solltest du dich mit Karsten Feldmann zusammensetzen und mit ihm ins Gespräch kommen. Du musst unbedingt in Erfahrung bringen, warum die Bearbeitung des Teilprojekts so schleppend läuft. Die Gründe können profan, aber auch sehr schwerwiegend sein. Von Unfähigkeit über Überforderung bis hin zur Unlust, mit dir zusammenzuarbeiten. Ist er genügend in das Projekt eingebunden? Hier könnte zumindest recht zügig eine Lösung gefunden werden. Aber ich kann mir auch andere Gründe vorstellen, z.B. familiäre, körperliche oder mentale Probleme.«

»Was ist mit Kollegenkonflikten?«, wollte Jörg wissen. »Auch das wäre denkbar. Aber um das herauszufinden, musst du mit ihm sprechen, mein Schatz. Wenn die Fakten auf dem Tisch liegen, kannst du eine aktive Bearbeitung des Problems in Angriff nehmen.« »Gut, gleich morgen werde ich mich mit Karsten Feldmann zusammensetzen.«

Karsten Feldmann hörte Dr. Straßer aufmerksam zu, und als der ihn nach seiner Meinung fragte, ergriff er die Chance: »Ich will ganz offen mit Ihnen sprechen. Ich meine, Sie sollten den Aufbau des Projekts überdenken. Nach den ersten Workshops haben Sie Ihr Projektteam nicht mehr in das Projekt eingebunden. Insbesondere die Ebene der AP-Verantwortlichen ist im luftleeren Raum. Geben Sie doch diesen wichtigen Mitstreitern die Möglichkeit, am Projekt wieder direkt mitzuarbeiten. Vertrauen Sie mehr auf Ihr Team und entlasten Sie sich.«

»Gut, das leuchtet mir ein, und das alles würde dann zu einem teamorientierten Vorgehen führen. Aber wie kann ich das machen? Ich habe zwar eine Promotion vorzuweisen, aber, ehrlich gesagt, ich bin in den Methoden des Projektmanagements recht unerfahren«, klagte Dr. Straßer. »Na ja, Selbsterkenntnis ist der erste Weg zu Besserung.« Karsten Feldmann schmunzelte. »Erinnern Sie sich noch an unsere Workshops zum Projektstart? Die Arbeitspakete im PSP haben wir gemeinsam erarbeitet und in hitzigen Diskussionen auch in eine sinnvolle zeitliche Abfolge gebracht. Die aktive Beteiligung am Projekt sorgte gleichzeitig für eine Verstärkung der Motivation im gesamten Team! Die spätere Bearbeitung der Arbeitspakete sollte in den meisten Fällen und mit großer Wahrscheinlichkeit keine Probleme mehr bereiten, wenn wir zu einer solchen Teamarbeit zurückfinden. Zumindest, wenn Sie als Projektleiter einige zusätzliche Maßnahmen beachten.« »Die da wären?«, wollte Dr. Straßer wissen. »Sie müssen nachfragen! Um den AP-Status zu ermitteln und um Interesse zu zeigen, ggf. um auch kurzfristig reagieren zu können, wenn es Probleme, allgemeine Herausforderungen oder Konflikte geben sollte. Leistungen und auch kleine Erfolge müssen Sie würdigen und dabei immer beachten, dass alles, was geleistet wurde, ein wertvoller Beitrag für das Projekt ist.

Dazu fällt mir ein Ausspruch von Carl von Clausewitz ein, den ich hier mal ganz frei zitieren würde:

›*Ein Projektleiter muss eine Menge ertragen können und benötigt starke Nerven. Ein Projekt ist kein mathematisches Problem mit vorgegebenen Zahlen, sondern eine Angelegenheit miteinander verwobener physischer und psychischer Kräfte. Projektmanagement bedeutet Zusammenarbeit von Menschen mit verschiedenen Charaktereigenschaften und unterschiedlichen Ansichten. Der einzig bekannte Faktor in der Gleichung ist der Projektleiter.*‹ «

»Lieber Herr Feldmann, da sprechen Sie ein großes Wort gelassen aus. Wenn ich da so sicher sagen könnte, welche Größe ich in der Gleichung bin, wäre mir wohler.« Jörg Straßer zwinkerte seinem Kollegen zu. »Ich danke Ihnen sehr!« »Nicht dafür, Herr Dr. Straßer … «

Jörg Straßer warf einen Blick auf die Uhr. Er hatte nun den Termin mit seiner Personal Trainerin, und statt eines schweren Abendessens war Bewegung angesagt.

Stressbewältigung

Stress macht krank und das ist das Letzte, was ich brauchen kann. Ich tue etwas gegen Stress – solange es in meiner Macht steht!

1. Stressanalyse

- Wer oder was verursacht den Stress?
- Wo kommt mein Stress her?
- Handelt es sich um kurzfristig oder langfristig aufgebauten Stress?

Kurzfristiger Stress wird ausgelöst durch z.B.:

- Krisen
- Schicksalsschläge
- höhere Gewalt
- Ausweglosigkeit

Langfristiger Stress wird ausgelöst durch z.B.:

- Konflikte
- Arbeitslast
- Überforderung

2. Maßnahmen

Ich achte auf die drei Bereiche Körper, Seele und Geist! Wo liegen meine Stresspunkte? Kann ich etwas gegen den Stress tun oder muss ich stressresistenter werden? Ich erstelle mir einen Plan zur Stressbewältigung und einen Plan zur Steigerung meiner Stressresistenz. Ich setze diese Pläne in meinem eigenen Interesse mit großer Selbstdisziplin und in allen drei Bereichen konsequent um.

3. Die Zeit heilt alle Wunden!

Weil ich weiß, dass die Zeit alle Wunden heilt, kann ich sogar mit Stressreizen umgehen, die unvermittelt kommen und die vollständig außerhalb meines Einflusses liegen.

1 Teambildung

8 Stressbewältigung

2 Führung

7 Persönlicher Erfolg

3 Motivation

6 Zeitmanagement

4 Arbeiten im Projektteam

5 Konfliktmanagement

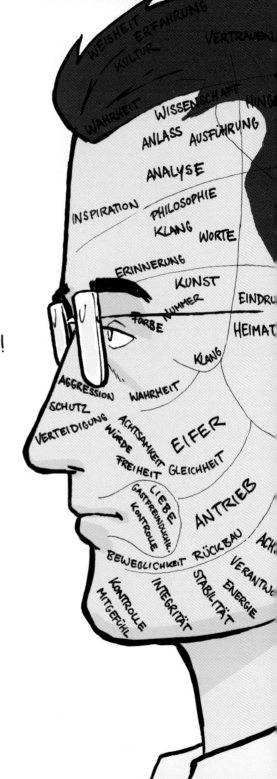

Du bist der ProjektManager!

www.ottmann.de
www.projektmanager.de

Teil 4

Der zertifizierte ProjektManager

Herdplatten und Eisflächen

Lassen Sie Ihre Mitarbeiter zu Fortbildungen gehen, aber achten Sie bitte immer auf den Fachbezug. Es können nur Fachthemen als zulässig erachtet werden! Erlauben Sie keine Seminare oder Fortbildungn, die dem Mitarbeiter einen Blick über den Tellerrand gewähren, kurz: Mitarbeiter haben auf Managementtrainings nichts verloren. Wenn ein Mitarbeiter zu einem Projektmanagementtraining gehen muss, weil der Kunde dies fordert, lassen Sie nur den Besuch einer möglichst kurzen Schulung zu. Eine Veranstaltung über einen, maximal über zwei Tage erscheint hier doch vollkommen ausreichend.

Wenn es dann so etwas mit einem Zertifikat am Ende sein soll, achten Sie einfach darauf, dass bei Trainings, die über mehrere Tage gehen, große zeitliche Unterbrechungen dazwischenliegen, am besten etliche Monate. Damit ist zumindest gewährleistet, dass schnell wieder in Vergessenheit gerät, was an Fürstentum und Herrschaftsbereich nagen könnte.

Wenn es ein Problem in Bezug auf die wirtschaftliche Situation gibt (u.U. hervorgerufen durch externe Einflüsse, wie bspw. eine weltweite Finanzkrise), bitte unbedingt daran denken, dass dies ganz ausgezeichnete Begründungen dafür liefert, die Ausbildungs- und Qualifizierungsmaßnahmen für die Mitarbeiter zu streichen (Sie können ja vorgeben, die Maßnahmen nur zu verschieben, das klingt nicht so hart).

Erkenntnisse

○ Gute Qualifizierungen machen Spaß, behandeln viele verschiedene Themen und bringen neue Gedanken und Ideen.

○ Gerade in Krisenzeiten gibt es Freiräume, die mit Qualifizierungen gefüllt werden können.

○ Wer eine Qualifizierung mit einer Prüfung abschließt, lernt mehr und hat den Nachweis für sein Wissen geliefert.

○ Ob dieses Wissen auch angewendet wird, liegt an den externen Möglichkeiten und dem persönlichen Willen jedes Einzelnen.

Warum bekomme ich das nicht in meinen Kopf?

»Ich bereite mich schon seit einiger Zeit auf die Prüfung vor. Je öfter ich die Sache durchlese, desto weniger kann ich mir merken.« Sandra stöhnte und klang sehr entmutigt. »Du hast ein Problem, den Stoff zu behalten, und das liegt nicht an dir, sondern an deinem Lernkonzept. Schauen wir uns mal an, was du da in dich reinpaukst.« Kerstin Weidner warf einen Blick auf Sandras Buch. Vor ihr lagen das Kapitel ›Projektstrukturplanung‹ und eine Frageliste. Die Antworten lasen sich wie eine Auflistung auf dem Einkaufszettel.

»Stell dir bitte mal vor, du müsstest einen Einkaufszettel auswendig lernen. Wie wäre das?« »Sehr schwierig«, antwortete Sandra. »Ich kenne das von früher, als Kind habe ich auf dem Weg zum Supermarkt alles vor mir hergesagt, genauso wie ich es von meiner Mutter aufgetragen bekommen habe. Am Ende habe ich immer etwas vergessen.«

»Mit deiner Antwortliste ist es ähnlich. So, wie die aufgebaut ist, wirst du immer etwas vergessen.« »Genau«, meinte Sandra. »Dabei habe ich nicht nur diese eine Liste, sondern mehr als 20. Ich werde noch verrückt mit dem ganzen Zeug.«

»Das lässt sich sicher verhindern! Ich hatte als Kind ein prima Erlebnis. Unser Geschichtslehrer war toll.«

»Wie krank ist das denn?« fragte Kerstin Weidner, als Sandra ihr von ihren schlimmen Erlebnissen im Geschichtsunterricht berichtete.

»Das war meist auch nur stures Pauken von Zahlenkolonnen und am Ende hatte ich die Hälfte vergessen. Davon abgesehen, dass der Unterricht bei diesen schlechten Lehrern öde und langweilig war.«

»Aber das muss nicht so sein. Der gute Lehrer hatte ein einmaliges Lehrkonzept. Er hat uns tolle Geschichten aus Griechenland oder Germanien, von Sokrates, Arminius und vielen anderen erzählt. Er hat uns zum Lachen und auch zum Weinen gebracht. Die Geschichten haben uns angerührt. Am Ende haben sich seine Geschichten in unsere Herzen und Hirne eingebrannt und beiläufig konnten wir uns dann neben vielen Dingen, die Alexander den Großen, seine Zeit und seine Umgebung betrafen, auch die Schlacht von Gaugamela im Jahr 331 vor Christus merken. Wenn ich heute etwas lernen, mir merken, also in meinem Gehirn verankern will, nutze ich dieses Konzept und erzähle eine Geschichte.«

Kerstin Weidner trank einen Schluck und fuhr fort: »Bildlich gesprochen: Der wesentliche Lerninhalt ist die Jacke, mein Gehirn ist der Kleiderständer, die Geschichte ist der Kleiderbügel. Damit hängt die Jacke richtig und ich kann sie später abnehmen. Das ist nun meine Empfehlung für dich. Nimm die Auflistung, die du dir so schön angefertigt hast. Denk dir eine Geschichte aus, in die du das alles einbettest. Die Story schmückst du mit bunten, farbigen, vielleicht witzigen Details aus und du wirst sehen, die ganze Sache bleibt in deinem Kopf.«

Sandra gab zu bedenken: »Ja, das verstehe ich. Aber ich habe die Befürchtung, dass ich mir die Geschichte merken kann, aber dann doch die wichtigen Dinge vergesse.« »Probier es aus«, sagte Kerstin Weidner, »und du wirst erkennen, dass du dich irrst! Ich kann nur sagen, 331 vor Christus, Gaugamela und vier Jahre später heiratete Alexander der Große in Baktra die wunderschöne …« »… Roxanne«, entfuhr es Sandra. Kerstin Weidner grinste. »Na ja, die wirklich wichtigen Dinge hast du dir ja wohl gemerkt...«

Erkenntnisse

○ Ein Bild sagt mehr als 1000 Worte.

○ Mit einer guten Geschichte lassen sich auch schwierige Lerninhalte erfassen und behalten.

○ Eine Geschichte kann in diesem Zusammenhang sehr abstrus, absurd oder gar aberwitzig sein.

○ Je bunter die Geschichte, desto besser eignet sie sich zum Lernen.

P.S.: Lernen, ohne zu denken, ist verlorene Mühe.
Denken, ohne etwas gelernt zu haben, ist gefährlich.

Konfuzius

INTERNATIONAL ASSOCIATION OF
PROJECT MANAGERS

Qualifizierung zur Prüfung der IAPM

In den Seminaren zu den Zertifizierungen der IAPM werden die Grundlagen und Methoden des Projektmanagements, die Organisation eines Projekts und die Aspekte der Zusammenarbeit im Projekt bearbeitet. Mein Seminarleiter bereitet mich intensiv auf das Assessment der IAPM vor. Ich muss mich auf das Seminar nicht vorbereiten, die Kursthemen muss ich aber nachbereiten. Das IAPM-Seminar führt mich schnell und effizient in die Methodik des Projektmanagements und in die Philosophie der Projektleitung ein. Von der Planung bis zur erfolgreichen Realisierung, mein Seminarleiter bringt mich Schritt für Schritt durch das Projekt.

Schritt 1

Mein Seminarleiter hat zum jeweiligen Thema einen Einstiegsvortrag für mich vorbereitet. Hier gibt er mir bereits Anwendungsfälle und Beispiele aus der Praxis mit auf den Weg.

Schritt 2

Er definiert eine Frage zum Thema, das von mir nun zusammen mit einer Gruppe in einem Workshop bearbeitet wird. Die Ergebnisse des Workshops werden präsentiert, diskutiert und protokolliert.

Schritt 3

Jedes Thema wird von mir mittels Seminarunterlagen nachbereitet. Ich übe die Berechnungen, die Erstellung der Grafiken und mache mich mit den Begriffen im Glossar vertraut. Ich bearbeite auch die im Seminar ausgegebenen Aufgaben und Lösungen. Ich wiederhole solange, bis ich alle Fragen beantworten kann. Vielleicht vertiefe ich das Thema mit alternativer oder weiterführender Literatur. Den Stoff habe ich mir nun sorgfältig erschlossen und durch Übung und Wiederholung verinnerlicht. Ich bin fit für das Assessment der IAPM.

Atlas zur PM-Qualifizierung IAPM

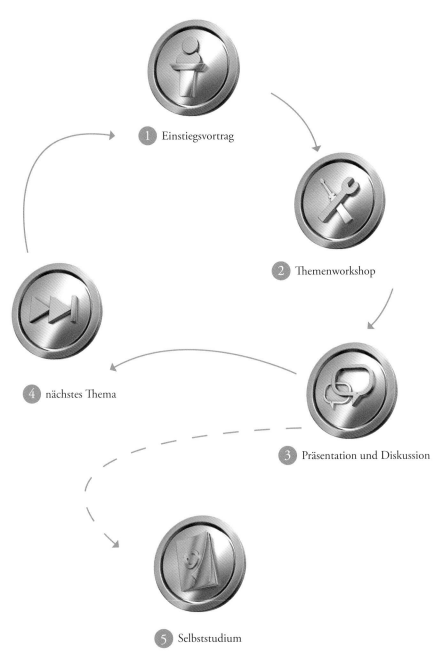

① Einstiegsvortrag

② Themenworkshop

③ Präsentation und Diskussion

④ nächstes Thema

⑤ Selbststudium

Zertifizierung zum Certified Junior Project Manager (IAPM), Certified Project Manager (IAPM), Certified Agile Project Manager (IAPM) und Certified International Project Manager (IAPM)

Der Antragsteller soll je nach Grad Kenntnisse und Wissen in den relevanten Kompetenzelementen des Projektmanagements haben und nachweisen können. Erfahrungen müssen nicht nachgewiesen werden. Um zur Zertifizierung für den »Cert. International Project Manager (IAPM)« zugelassen zu werden, muss der Antragsteller bereits eine Zertifizierung der IAPM (ausgenommen ist der »Cert. Junior Project Manager (IAPM)«) erfolgreich abgelegt und damit Nachweise für sein theoretisches Projektmanagement-Wissen erbracht haben.

Mit dem Antrag auf Zertifizierung müssen der IAPM die folgenden Informationen übermittelt werden:
- personenbezogene Daten
- ausbildungsbezogene Daten

Zertifizierung zum Certified Senior Project Manager (IAPM) und Certified Senior Agile Project Manager (IAPM)

Der Antragssteller soll mindestens fünf Jahre Erfahrung im Projektmanagement haben. Drei Jahre sollen in einer Führungsposition oder einer Position mit erheblichem Verantwortungsumfang nachweisbar sein. Der Antragsteller soll den Nachweis erbringen, dass er Erfahrungen gemacht hat und dadurch in der Lage ist, die Methoden und Instrumente des Projektmanagements in der Praxis anzuwenden.

Mit dem Antrag auf Zertifizierung müssen der IAPM die folgenden Informationen übermittelt werden:
- personenbezogene Daten
- ausbildungsbezogene Daten
- Erfahrungen im Projektmanagement (Auflistung und Beschreibung von ein bis maximal fünf Projekten, bei denen der Antragsteller eine leitende oder wesentliche Managementfunktion innehatte).

Antrags- und Zulassungsverfahren für das Assessment

Alle Formulare müssen auf der Internetseite der IAPM ausgefüllt werden. Eine Übermittlung auf dem Postwege ist nicht möglich. Nach dem Ausfüllen der Formulare und Erklärungen werden die vorliegenden Unterlagen durch die IAPM auf ihre Vollständigkeit überprüft und darauf, ob die Zulassungsvoraussetzungen gegeben sind.

Wenn sich ein Bewerber für den Grad des »Cert. Senior Project Managers (IAPM)«, »Cert. Senior Agile Project Managers (IAPM)« oder »Cert. International Project Managers (IAPM)« bewirbt und die Überprüfung ergibt, dass die Voraussetzungen nicht gegeben sind, erhält er einen entsprechenden Bescheid. Gegen den Bescheid kann kein Widerspruch eingelegt werden. Ein neuer Antrag kann gestellt werden, sobald der Bewerber zusätzliche Erfahrungen beim Management von Projekten gemacht hat und diese die Kriterien der IAPM erfüllen.

Das Zertifizierungsverfahren der IAPM

Das IAPM-Zertifizierungsverfahren basiert je nach Zertifizierung auf dem PM Guide 2.0, Agile PM Guide 2.0 oder International PM Guide 2.0 in seiner gültigen Version. Die Guides wurden in Zusammenarbeit eines internationalen Panels von Wissenschaftlern und Projektmanagern entwickelt und werden kontinuierlich weiterentwickelt und an internationale Standards und Erkenntnisse angepasst. Die Guides können von der Website der IAPM kostenlos heruntergeladen werden (www.iapm.net).

Die IAPM-Zertifizierungsgrade wurden von der gängigen Praxis und den Erfahrungen aus dem international erprobten Projektmanagement abgeleitet. Ein von der IAPM ausgestelltes Zertifikat hat unbegrenzte Gültigkeit.

Die Prüfungen – Selbsttest und Zertifizierungstest

Der IAPM Prüfungsstandard entspricht dem des MIT (Massachusetts Institute of Technology) und der Stanford University.

Selbsttest

Um einen Eindruck von den Prüfungsfragen und deren Schwierigkeitsgrad zu bekommen, kann man den Selbsttest ablegen. Ein dem Selbsttest vergleichbarer Pre-Test ist integraler Bestandteil der Zertifizierung zum »Cert. Junior Project Manager (IAPM)«. Der Zugang dazu erfolgt über die Website www.iapm.net. Nach Abschluss des Selbsttests/Pre-Tests erhält der angehende Zertifikant eine Rückmeldung über seinen Wissensstand in Hinblick auf den Zertifizierungstest. Damit wird ein punktgenaues Lernen und Beseitigen der Lerndefizite ermöglicht.

Zertifizierungstest

Nach erfolgreicher Zulassung durch die IAPM kann die Prüfung ohne weitere Voraussetzungen abgelegt werden. Die Prüfung kann mit jedem Computer eigener Wahl abgelegt werden. Der Bewerber muss vor der Prüfung eine eidesstattliche Erklärung abgeben, dass er die Prüfung alleine, ohne jegliche fremde Hilfe und/oder Hilfsmittel abgelegt hat. Die Fragen umfassen alle Kompetenzelemente der IAPM, so wie sie in den zugehörigen PM Guides dargelegt sind. Sie sind randomisiert aus einem umfassenden Fragenkatalog ausgewählt.

Um einen Test zu bestehen, müssen mindestens 65% der maximalen Punktzahl erreicht werden. Die Auswertung erfolgt automatisch direkt nach der Prüfung, der Bewerber erfährt sein Ergebnis auf elektronischem Wege. Nach erfolgreichem Bestehen des Zertifizierungstests erhält der Zertifikant sein international anerkanntes Zertifikat.

Wiederholungsprüfung

Im Falle des Nichtbestehens kann der Bewerber den Zertifizierungstest zu einem Zeitpunkt seiner Wahl wiederholen (ausgenommen: »Cert. Junior Project Manager (IAPM)«). Sollte er wiederum nicht bestehen, fällt eine Warteperiode von 12 Monaten an, bevor der Zertifizierungstest erneut abgelegt werden kann. Sollte der Bewerber auch diesen Zertifizierungstest nicht bestehen, ist er von der Teilnahme an weiteren Zertifizierungstests ausgeschlossen.

Qualifizierung zur Prüfung
der IPMA

LEVEL A
Zertifizierter Projektdirektor

LEVEL B
Zertifizierter Senior Projektmanager

LEVEL C
Zertifizierter Projektmanager

LEVEL D
Zertifizierter Projektmanagement-Fachmann

Alle von der IPMA ausgestellten Zertifikate haben eine begrenzte Gültigkeit von fünf Jahren. Nach Ablauf dieser Zeit muss eine Rezertifizierung abgelegt werden. Das ungültige Zertifikat wird eingezogen.
Die Prüfungen der IPMA sind von Land zu Land unterschiedlich, beispielhaft werden im Folgenden die Prozesse in Deutschland dargestellt.

Als Zertifikant nehme ich an einem Kurs teil. Ich muss mich auf das Seminar nicht vorbereiten, die Kursthemen muss ich aber nachbereiten. Wie geht mein Seminarleiter vor?

Schritt 1

Er hat zum jeweiligen Thema einen Einstiegsvortrag für mich vorbereitet. Hier gibt er mir bereits Anwendungsfälle und Beispiele aus der Praxis mit auf den Weg.

Schritt 2

Er definiert eine Frage zum Thema, das von mir nun zusammen mit einer Gruppe in einem Workshop bearbeitet wird. Der Workshop orientiert sich bei Level D-Zertifikanten am Transfernachweis (TrN), bei C-Zertifikanten am Projekterfahrungsbericht (PEB) und B- und A-Zertifikanten an der Projektstudienarbeit (PSA) und dem Literaturkonspekt (LK). Die Ergebnisse des Workshops werden präsentiert, diskutiert und protokolliert.

Schritt 3

Die Ergebnisse und Erkenntnisse werden von mir als Zertifikanten in den TrN, den PEB, die PSA und den LK eingearbeitet.

Schritt 4

Jedes Thema wird von mir mittels Seminarunterlagen nachbereitet. Ich übe die Berechnungen, die Erstellung der Grafiken und mache mich mit den Begriffen im Glossar vertraut. Ich bearbeite Aufgaben und wiederhole diese solange, bis ich alle Fragen beantworten kann. Vielleicht vertiefe ich das Thema mit alternativer oder weiterführender Literatur. Den Stoff habe ich mir nun sorgfältig erschlossen und durch Übung und Wiederholung verinnerlicht. Ich bin fit für das Assessment.

Arbeitsschritte nach der Qualifizierung

Ich melde mich zum Assessment an, und sobald ich ein Projekt bekomme, nutze ich mein Knowhow, damit ich mich nicht nur über die Ernennung zum Projektleiter, sondern auch über eine erfolgreiche Projektrealisierung freuen kann.

Atlas zur PM-Qualifizierung IPMA

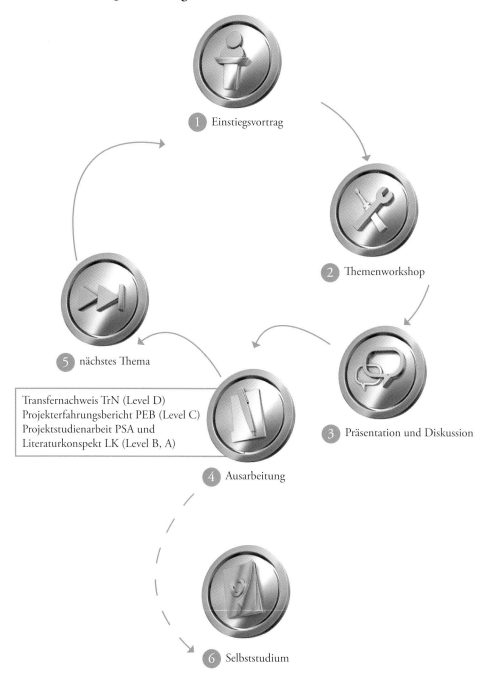

1 Einstiegsvortrag

2 Themenworkshop

5 nächstes Thema

Transfernachweis TrN (Level D)
Projekterfahrungsbericht PEB (Level C)
Projektstudienarbeit PSA und
Literaturkonspekt LK (Level B, A)

3 Präsentation und Diskussion

4 Ausarbeitung

6 Selbststudium

Die Geschichte mit dem Transfernachweis

Mit dem Transfernachweis (TrN) beweist der Zertifikant seine Fähigkeit, das Projektmanagementwissen in die Projektmanagementpraxis umsetzen zu können.

Der TrN ist die schriftliche Darstellung eines realen oder fiktiven Projekts (z.B. Bau eines Hauses, Umzug von A nach B oder Organisation eines Schulfestes). Darin beschreibt der Zertifikant nach den Vorgaben der »Anleitung zum Transfernachweis« seine Vorstellung oder Erfahrung zur praktischen Anwendung von Projektmanagementwissen. Der TrN ist ein eigenständiger Prüfungsteil im Zertifizierungsverfahren für Level D.

Der TrN wird in Einzelarbeit von jedem Zertifikanten erstellt. In besonderen Fällen kann Gruppenarbeit sinnvoll sein. Eine Gruppe darf maximal aus vier Zertifikanten bestehen. Ein TrN, der nicht in Einzelarbeit erstellt wird, muss von allen Beteiligten gemeinsam erarbeitet werden, wobei jeder Verfasser an jedem Element mitarbeiten muss. Für alle Inhalte des TrN sind die Beteiligten gemeinsam verantwortlich.

Mit der Erarbeitung des TrN schaffen sich die Zertifikanten ihre eigene Projektgeschichte. Dies ist hilfreich für das Lernen der Projektzusammenhänge, aber auch zur Erfassung der Fachausdrücke des Projektmanagements und ihrer Bedeutung. Zusätzlich erkennt der Zertifikant, wie die einzelnen Zahnräder des Projektmanagements ineinandergreifen und zum funktionierenden Getriebe werden.

Zertifizierung IPMA Level D (Deutschland)

Q
letzter
Block

Zum letzten Block der Level-D-Qualifizierung bringe ich die Ausdrucke der folgenden Anmeldeunterlagen mit:

- Antrag auf Erstzertifizierung (mit Lichtbild)
- Lebenslauf (mit Lichtbild)
- Ausgefüllter Selbstbewertungsbogen

Mein Seminarleiter meldet mich für das Assessment IPMA Level D an.

A - 10
Tage

Zum verabredeten Termin wird der Transfernachweis (TrN) als PDF-Datei an meinen Seminarleiter geschickt. Die Ausarbeitung wird von den Assessoren bewertet.

Ich finde mich rechtzeitig und entspannt zum Assessment ein.

A

Zuerst lege ich die schriftliche Prüfung (ohne Unterlagen) ab.

A

Nach einer Pause werde ich zum mündlichen Assessment gebeten. Hierfür wurde von den Assessoren ein Zeitplan erstellt und veröffentlicht. Sollte ich Änderungswünsche haben, kann ich diese direkt mit den Assessoren besprechen.

Sollte ich das Assessment **nicht** erfolgreich meistern, ist das auch kein Problem, ich setze mich mit meinem Lehrgangsleiter in Verbindung. Er wird dann mit mir die weiteren Schritte planen und eine Zweitprüfung in die Wege leiten.

A + 30
Tage

Nach erfolgreichem Assessment erhalte ich mein Zertifikat zugesandt.

Stand: Juli 2012

286

Zertifizierung IPMA Level C (Deutschland)

Q + 30 Tage

Nach dem Vorbereitungskurs stelle ich die Anmeldeunterlagen zusammen:
- Antrag auf Höherzertifizierung (mit Lichtbild)
- Lebenslauf (mit Lichtbild)
- Ausgefüllter Selbstbewertungsbogen
- Projektliste mit Projektübersicht
- Liste meiner Publikationen, Lehrtätigkeiten, Fortbildungen
- Projekterfahrungsbericht mit Kurzvorstellung der Firma

Diese schicke ich dreifach als Ausdruck und PDF-Datei auf CD-Rom zum vereinbarten Termin an meinen Seminarleiter.

A - 40 Tage

Mein Seminarleiter meldet mich für das Assessment IPMA Level C an.

Die Assessoren bewerten meinen Antrag, möglicherweise muss ich noch Zusatzinformationen nachliefern. Wenn alles in Ordnung ist, werde ich zum Assessment zugelassen.

A

Ich finde mich rechtzeitig und entspannt zum Assessment ein.
Ich lege die schriftliche Prüfung (ohne Unterlagen) ab.

Nach einer Pause werde ich mit einem Team den zweiteiligen Workshop absolvieren. Anschließend finde ich mich zum einstündigen Assessmentgespräch mit den beiden Assessoren ein. Hierfür wurde von den Assessoren ein Zeitplan erstellt und veröffentlicht. Sollte ich Änderungswünsche haben, kann ich diese direkt mit den Assessoren besprechen.

Sollte ich das Assessment **nicht** erfolgreich meistern, ist das auch kein Problem, ich setze mich mit meinem Lehrgangsleiter in Verbindung. Er wird dann mit mir die weiteren Schritte planen und eine Zweitprüfung in die Wege leiten.

A + 30 Tage

Nach erfolgreichem Assessment erhalte ich mein Zertifikat zugesandt.

Stand: Juli 2012

Zertifizierung IPMA Level B (Deutschland)

Q + 30 Tage

Nach dem Vorbereitungskurs stelle ich die Anmeldeunterlagen zusammen:

- Antrag auf Höherzertifizierung (mit Lichtbild)
- Lebenslauf (mit Lichtbild)
- Ausgefüllter Selbstbewertungsbogen
- Projektliste mit Projektübersicht
- Liste meiner Publikationen, Lehrtätigkeiten, Fortbildungen
- Kurzvorstellung der Firma

Diese schicke ich dreifach als Ausdruck und PDF-Datei auf CD-Rom zum vereinbarten Termin an meinen Seminarleiter.

A1 - 40 Tage

Mein Seminarleiter meldet mich für das Assessment IPMA Level B an.

Die Assessoren bewerten meinen Antrag, möglicherweise muss ich noch Zusatzinformationen nachliefern. Wenn alles in Ordnung ist, werde ich zum Assessment zugelassen, möglicherweise werde ich nur zu Level C zugelassen. Ich finde mich rechtzeitig und entspannt zum Assessment ein.

A1

Ich lege die schriftliche Prüfung (ohne Unterlagen) ab.

Stand: Juli 2012

**PSA A1
+ 90
Tage**

Nach einer Pause werde ich mit einem Team den zweiteiligen Workshop absolvieren.

**PSA A2
- 30
Tage**

Anschließend finde ich mich zur Abstimmung der Literatur- und Projektstudienarbeit mit den Assessoren ein. Zum verabredeten Termin schicke ich die Ausarbeitung dreifach als Ausdruck und PDF-Datei an meinen Seminarleiter. Die Assessoren bewerten meine Ausarbeitung, möglicherweise muss ich noch weitere Informationen nachliefern. Wenn alles in Ordnung ist, gehe ich in das finale einstündige Assessmentgespräch.

A2

**A2 + 30
Tage**

Sollte ich das Assessment **nicht** erfolgreich meistern, ist das auch kein Problem, ich setze mich mit meinem Lehrgangsleiter in Verbindung. Er wird dann mit mir die weiteren Schritte planen und eine Zweitprüfung in die Wege leiten.

Nach erfolgreichem Assessment erhalte ich mein Zertifikat zugesandt.

Zertifizierung IPMA Level A (Deutschland)

Q + 30 Tage

Nach dem Vorbereitungskurs stelle ich die Anmeldeunterlagen zusammen:

- Antrag auf Höherzertifizierung (mit Lichtbild)
- Lebenslauf (mit Lichtbild)
- Ausgefüllter Selbstbewertungsbogen
- Projektliste mit Projektübersicht
- Liste meiner Publikationen, Lehrtätigkeiten, Fortbildungen
- Kurzvorstellung der Firma

Diese schicke ich dreifach als Ausdruck und PDF-Datei auf CD-Rom zum vereinbarten Termin an meinen Seminarleiter.

A1 - 40 Tage

Mein Seminarleiter meldet mich für das Assessment IPMA Level A an.

Die Assessoren bewerten meinen Antrag, möglicherweise muss ich noch Zusatzinformationen nachliefern. Wenn alles in Ordnung ist, werde ich zum Assessment zugelassen, möglicherweise werde ich nur zu Level C oder B zugelassen. Ich finde mich rechtzeitig und entspannt zum Assessment ein.

A1

Ich lege die schriftliche Prüfung (ohne Unterlagen) ab.

Stand: Juli 2012

**PSA A1
+ 90
Tage**

Nach einer Pause werde ich mit einem Team den zweiteiligen Workshop absolvieren.

**PSA A2
- 30
Tage**

Anschließend finde ich mich zur Abstimmung der Literatur- und Projektstudienarbeit mit den Assessoren ein. Zum verabredeten Termin schicke ich die Ausarbeitung dreifach als Ausdruck und PDF-Datei an meinen Seminarleiter, der diese an die PM-Zert weiterleitet. Die Assessoren bewerten meine Ausarbeitung, möglicherweise muss ich noch weitere Informationen nachliefern. Wenn alles in Ordnung ist, gehe ich in das finale einstündige Assessmentgespräch.

A2

**A2 + 30
Tage**

Sollte ich das Assessment **nicht** erfolgreich meistern, ist das auch kein Problem, ich setze mich mit meinem Lehrgangsleiter in Verbindung. Er wird dann mit mir und PM-Zert die weiteren Schritte planen und eine Zweitprüfung in die Wege leiten.

Nach erfolgreichem Assessment erhalte ich mein Zertifikat zugesandt.

Der nackte ProjektManager

Wie alles begann …

…Im Februar vor 16 Jahren. Meine Kollegin Tanja hat einen Projektauftrag bei PB akquiriert und ich soll das Projektmanagement dafür übernehmen. Wir sollen mit den Mitarbeitern des Entwicklungsbereichs in der Hauptniederlassung ein Qualitätsmanagementsystem aufbauen und bis zum Dezember, also innerhalb von zehn Monaten, die Zertifizierung auf Basis der ISO 9001 gewährleisten. Von diesem Projekt werden direkt ca. 500 Mitarbeiter betroffen sein.

Wir treffen uns am Arbeitsplatz des Projektleiters Frank Siebthal, er stellt uns ganz grob seine Ideen vor. Grundtenor: Wir binden möglichst viele Mitarbeiter durch Workshops, Schulungen und Gesprächsrunden etc. in das Projekt ein. Nach dieser Schnelleinstimmung geht es ins Besprechungszimmer, um ungestört mehr Tiefgang zu bekommen. Hier stößt auch Dr. Jörg Straßer zu uns, der gerade ein wichtiges Projekt abgeschlossen hat. Er soll das Projekt unterstützen, Workshops und Schulungen mit durchführen. Jörg strotzt vor Ideen und Tatkraft. Er engagiert sich bis zum Umfallen für das Projekt. Er ist emotional sehr daran gebunden und treibt fortwährend an. Sein Arbeitseinsatz und sein Engagement, vor allen Dingen aber seine kommunikativen Stärken, helfen dem Projekt ungemein.

Im Dezember erhält dieser Bereich, als erster dieser Kategorie und in Deutschland, das begehrte ISO-9001-Zertifikat. Mit unserem Konzept gelingt es uns dann in der Folgezeit, weitere Standorte und Bereiche zur Zertifizierung zu bringen.

Neben der Mitarbeit im erfolgreichen Zertifizierungsprojekt arbeitete Jörg in weiteren, ebenfalls sehr erfolgreichen Projekten, z.B. als Teilprojektleiter in einem Reorganisationsprojekt, das auch Gewinner des Deutschen PM-Awards wurde. Jörg machte seinen Weg, er wurde zwischenzeitlich zum Fachgruppenleiter ernannt, führte ein Team, um dem Entwicklungsbereich der PB eine neue strategische

Ausrichtung zu geben. Nebenbei engagierte er sich immer in Projekten; als Projektleiter, aber auch als Projektmitarbeiter. Wie auch immer, es musste einfach Spaß machen und spannend sein. Er war zwischenzeitlich so gut, dass ihn PB zum Abteilungsdirektor machte.

Beruflich war Jörg äußerst erfolgreich. Er nahm sich die notwendige Macht und traf Entscheidungen. Damit war sein Weg vorgezeichnet. Ein intelligenter Netzwerker und guter Kommunikator kann sich in unserem Wirtschaftssystem dem Erfolg nur durch persönliche Verweigerung, sprich Ausstieg aus dem System, entziehen.
Neue Angebote kamen und irgendwann traf dann die Möglichkeit, die die Firma Ne-Do ihm bot, auf das Frustpotenzial, das sich bei Jörg (zwischenzeitlich zum Programmdirektor [!] aufgestiegen) während der Zeit bei PB aufgestaut hatte. Jörg sah eine neue Chance und stieg als Topmanager in das neue Unternehmen ein. Innerhalb weniger Monate hatte er bereits viel erreicht! Er wurde vom Vorstand um Rat gefragt und in wichtige Projekte eingebunden. Als exzellenter Manager hat er seine Zeit und seine Aufgaben, also alles Wichtige, perfekt im Griff. Die moderne Technik half ihm exzellent dabei, alle Mitarbeiter super zu koordinieren.

Und jetzt?
Eine kleine Unterbrechung, weil Jörgs BlackBerry klingelt, sorry.

Erkenntnisse – zum letzten Mal

○ Man kann sich nur auf eine Sache konzentrieren.

○ Wer im Hier und Jetzt lebt, hat viel mehr vom Leben.

Manager sterben nicht an Stress

Am 9. Februar dieses Jahres, nach einem mit Terminen gefüllten Tag, will Jörg noch eine Kleinigkeit essen. Er beschließt, in ein kleines Lokal zu gehen. In Gedanken ist er noch bei den Themen des Tages, wie in einer Filmsequenz gehen ihm die Dinge durch den Kopf. In sich gekehrt läuft er weiter. Er sieht nicht, wie die Schneeflocken tanzen, er hat keinen Sinn für das junge Paar, das sich unter einem Vordach küsst. Er nimmt den Mann auf dem Gehsteig nicht wahr, der sich mit der ordentlichen Schneemenge herumplagt, die auf der Schaufel einen schweren Berg bildet.

Als Manager hat er immer alles im Griff, kennt die Tricks, wie man sich gegen den Stress wappnen kann und wie man selbst mit höchstem Stresspegel gut klarkommt. Als Manager hat er gelernt, in einem Kurzurlaub wieder runterzukommen und die Batterien aufzuladen. Stress kann ihm nichts anhaben. Als sein BlackBerry klingelt, wird er aus seinem inneren Film herausgerissen. Ein Griff in die Tasche, gleichzeitig die Straße überqueren …

An diesem Abend wollte der 23-jährige Julian eigentlich nur zu seiner Freundin fahren und einige schöne Stunden mit ihr erleben. Noch ein wenig fernsehen und den Tag ausklingen lassen. Na ja, es hat wieder geschneit. Ist aber nicht so schlimm, die Straßen sind geräumt. Die Winterreifen sind fast neu, das mit dem Schnee hatten wir während der Fahrstunden sauber durchgearbeitet. Ich freu mich auf Nina, dachte Julian, in seiner Gedankenwelt versunken.

Bow, was war das jetzt? Julian wurde aus seinem Traum gerissen. Mein Gott, wo kam der Fußgänger plötzlich her? Was war das? Schwarze Person auf meiner Frontscheibe, Bremsen! Mist, was geht hier ab? Den Notarzt muss ich holen! Mensch, er blutet ganz stark am Kopf! Was soll ich bloß machen? Piep, piep, piep, Freizeichen »… Ja, wir brauchen schnell Hilfe, ein Fußgänger ist mir vors Auto gelaufen …«

Jörg bekommt vom Programm, das in den nächsten Stunden und Tagen abläuft, nichts mehr mit. Er liegt im Koma und wird sich daraus auch nicht mehr lösen. Am 22. Februar stirbt Jörg an seinen schweren Verletzungen.

Am 26. Februar um 13:00 Uhr wird Dr. Jörg Straßer beerdigt. Es ist ein grauer Tag, es gibt leichte Schneeschauer, kein blauer Himmel, keine Blätter an den Bäumen, kein Grün auf den Wiesen. Nur sehr, sehr viele schwarz gekleidete Menschen. Menschen, die sich vom Weiß des Schnees und dem tristen Grau des Himmels abheben. Weinende Menschen, die mit ihrer Trauer zurückgelassen wurden. Allein in ihrem Schmerz am Grab Jörgs Frau Sabine und ihre gemeinsame Tochter Carolin.

Manager sterben nicht an Stress, aber Stress tötet Manager.

Dr. Jörg Straßer
* 04.04.1964
† 22.02.2009

Meinem Freund gewidmet

Dieses Buch widme ich Jörg, einem hervorragenden Freund und erstklassigen ProjektManager. Als Manager ging er auf zu dünnes Eis. Er brach ein und so haben wir ihn, einen ganz wunderbaren Menschen, für immer verloren.

Dank

Mit Ausnahme des Unterkapitels »Manager sterben nicht an Stress« im Epilog war es eine pure Freude, dieses Buch zu schreiben! Ich hoffe, dass man dies beim Lesen spüren kann.

Ich möchte nun einigen Freunden und Ratgebern, Unterstützern und Anschiebern danken:

Simone Schlothauer für die geleisteten Schreibarbeiten, Tobias Dahmen für die Illustrationen, Ulrike Pichl und Jonathan Albert für das Layout, Dr. Hans Stromeyer, Harry Steen, Petra Schumann, Dunja Abu-Husein, Christina Gröbel, Dr. Walter Gierisch und Kerstin Kressner für die wertvollen Anregungen, Cornelia Rüping für das Lektorat und nicht zuletzt Kay Daniela Szantyr für die Schlusskorrektur.

… und Ihnen, lieber Leser, danke ich für das Lesen dieses Buches. Ich wünsche Ihnen viel Spaß bei der Arbeit als ProjektManager und hoffe, dass Sie niemals nackt dastehen müssen, weder vor Ihrem Team oder dem Auftraggeber noch vor Ihren Chefs!

Des ProjektManagers Lexikon

Von A wie Ablauforganisation bis Z wie Zielfindung

Das nachfolgende Glossar beinhaltet die Terminologie der Fachsprache des ProjektManagers. Es listet begrifflich-sachliche Definitionen auf, die den richtigen Gebrauch dieser Fachausdrücke und deren eindeutiges Verständnis sichern sollen. Das Glossar ist dem Referenz- und Standardwerk **ProjektManager** (ISBN 978-3-924841-26-3) – Schelle H., Ottmann R., Pfeiffer A. entnommen.

Ablauforganisation
- Gesamtheit der Regelungen und Instrumentarien für die Geschäftsprozesse im Projekt(-managementsystem).

Ablaufplan
Plan eines komplexen Prozesses, der auf dessen Gliederung in Teilprozesse ({vgl.} Vorgang) beruht. Er enthält in der Regel
- Dauer, Arbeitsmenge und andere Parameter der einzelnen Vorgänge,
- Anordnungsbeziehungen zwischen den Vorgängen,
- früheste, späteste, jedoch nicht {vgl.} geplante Termine.

Abweichung
Differenz zwischen geplanten und realisierten Terminen, Kosten oder Leistungen.

Aktivität
Gilt in der Netzplantechnik als veraltet, ist aber trotzdem durchaus gebräuchlich für {vgl.} Vorgang.

Änderungsantrag
Basisdokument des {vgl.} Änderungsmanagements, in der Regel mit folgenden Daten:
- Antragsteller
- Betroffene Projektkomponente
- Anlass und Begründung
- Auswirkungen (Kosten, Termine, Technik ...)
- Zu ändernde Unterlagen
- Stellungnahmen
- Entscheidung
- Direktiven für die Änderungsdurchführung
- {vgl.} Änderungsmitteilung

Änderungsauftrag
Dokument zur Durchführung beschlossener {vgl.} Änderungen (soweit möglich in das Formular {vgl.} »Änderungsantrag« integ-

riert). Hat in aller Regel für bestimmte Empfänger Anweisungs-
und für andere Empfänger Mitteilungscharakter.

Änderungsausschuss

Entscheidungsgremium für Änderungen, die Projektziele betreffen oder deren Auswirkungen gewisse Grenzen übersteigen. Bei
Großprojekten als Untergremium des Konfigurationsausschusses
oder des Steuergremiums gebildet. Bei mittleren Projekten fun-
giert das Steuergremium als Änderungsausschuss, bei kleinen Projekten der Projektverantwortliche selbst.

Änderungsmanagement

Bewertung aller Änderungsanträge, insbesondere wenn sie Projektziele betreffen. Veranlassung und Überwachung der Änderungen im Projektergebnis und in dessen Dokumentation.

Angebotscontrolling

Bewertung von Kundenanfragen nach bestimmten Kriterien (z.B.
technologisches Risiko und Bonität der Kunden). Soll das Management bei der Frage unterstützen, ob für eine Kundenanfrage
ein Angebot erstellt werden soll oder nicht.

Anordnungsbeziehung

Quantifizierbare Abhängigkeit zwischen Ereignissen oder Vorgängen. Standardisierte Formen sind folgende Beziehungen zwischen {vgl.} Vorgängen im {vgl.} Netzplan: Normalfolge (Ende-
Anfang), Anfangsfolge (Anfang-Anfang), Endfolge (Ende-Ende)
und Sprungfolge (Anfang-Ende).

Arbeitspaket (= AP)

Teil des Projekts, der im {vgl.} Projektstrukturplan (PSP) nicht
weiter aufgegliedert ist und auf einer beliebigen Gliederungsebe-
ne liegen kann. Eigentlicher Zweck: gut handhabbare Bündelung
von Leistungen für {vgl.} Spezifikation/{vgl.} Ausschreibung - Angebot - {vgl.} Auftrag/ {vgl.} Vertrag - Durchführung - Abrech-
nung.

Arbeitspaketbeschreibung

Detailliertes Dokument zu jedem Arbeitspaket, in der Regel auf einem Formular fixiert: Teilaufgabe, AP-Verantwortlicher, Inhalt, Termine, Gliederung in Vorgänge.

Assessment

(Ab-)Schätzung, Beurteilung. Heute meist im Sinne eines diagnostischen Beobachtens verwendet.

Audit, Auditierung

Systematische, unabhängige Untersuchung um festzustellen, ob reale Prozesse und Ergebnisse dem gültigen {vgl.} Regelwerk entsprechen und dieses Regelwerk geeignet ist, die beabsichtigten Ergebnisse zu erzielen.

Aufbauorganisation

Gesamtheit der verbindlichen Regelungen für Zuständigkeiten, Weisungsrechte und Berichtspflichten, in der Regel dargestellt im {vgl.} Organigramm.

Auftraggeber

Die juristische Person, die den (Projekt-)Auftrag erteilt, finanziert, abnimmt usw. Bei kleinen Projekten ist typischerweise eine natürliche Person Auftraggeber und damit Ansprechpartner. Für große Projekte ist wichtig, dass die Bevollmächtigten des Auftraggebers definitiv für ein {vgl.} Steuergremium benannt sind.

Auftragnehmer

Aus der Sicht des Projekts die juristische oder natürliche Person, die die Realisierung eines Projekts per Vertrag übernimmt.

Aufwand

Sammelbegriff für Ressourcenverbrauch: Geldmittel, Arbeits- und Maschinenzeit, Material.

Aufwandsermittlung

Bestimmung des Zeit- und Einsatzmittelbedarfs für alle Vorgänge/Arbeitspakete als Grundlage für die Planungs- und Steuerungsprozesse im Projekt.

Ausschreibung

Aufforderung zur Angebotsabgabe für ein Arbeitspaket, eine Teilaufgabe oder ein Projekt. Hauptinhalt ist die {vgl.} Spezifikation der zu erbringenden Leistung, in der Regel der AP-Beschreibung zu entnehmen. Überdies sind Anforderungen bezüglich der fachlichen Qualifikation, der Leistungstermine u.a. üblich.

Autonomes Projektmanagement

Organisationsform großer Projekte, bei der die Projektleitung die volle Verantwortung für das Projekt hat, insbesondere auch die disziplinarische Unterstellung des Projektpersonals. Auch reine oder absolute Projektorganisation genannt.

Balkengrafik (= Balkenplan, Balkendiagramm, Gantt-Diagramm)

Jede Grafik, in der die interessierenden Objekte als liegende Balken dargestellt werden. In der {vgl.} Ablaufplanung sind dies die Vorgänge. Deren zeitliche Lage kann aus einer Netzplanberechnung oder auch intuitiv entwickelt sein. Gantt-Diagramm nach dem amerikanischen Ingenieur Gantt (um 1880).

Basisplan

Bestätigter Plan einschließlich aller bestätigten Änderungen.

Bearbeitungskapazität

Leistungsvermögen (z.B. in Personentagen oder Maschinenstunden), das für die Ausführung von Arbeitspaketen oder Vorgängen geplant beziehungsweise verbraucht wird.

Bedarfsbegrenzung

Verfahren der Ressourceneinsatzplanung, bei dem alle Vorgänge so verschoben oder gestreckt werden, dass vorgegebene Ressourcenschranken (Kapazitäten) nicht überschritten werden.

Bedarfsglättung
Verfahren der Ressourceneinsatzplanung, bei dem alle Vorgänge so verschoben oder gestreckt werden, dass ein möglichst gleichmäßig über die Zeit verteilter Ressourcenbedarf entsteht.

Befugnis
Berechtigung zu (rechtswirksamen) Handlungen im Namen bzw. im Rahmen von Organisationen oder Projekten.

Benchmarking
Verfahren zur vergleichenden Bewertung von (komplexen) Prozessen beziehungsweise Organisationen.

Bericht
Dokument, mit dem Informationen über begrenzte Gegenstandsbereiche und begrenzte Zeiträume nach einem bestimmten Schema an bestimmtc Empfänger gegeben werden. Berichte werden auch für Informationen aus dem Projekt heraus an übergeordnete Instanzen, Auftraggeber, Banken etc. verwendet - im Unterschied zu den internen {vgl.} Mitteilungen.

Berichtsarten
Oberbegriff für {vgl.} Berichtsformen und alle {vgl.} Berichtspflichten.

Berichtsformen
Durch Vorlagen nach Form und Inhalt bestimmte {vgl.} Dokumente.

Berichtspflicht
Verpflichtung eines Stelleninhabers (in der Regel in der Stellenbeschreibung fixiert), Berichte mit wohl definiertem Inhalt zu bestimmten Terminen an bestimmte Empfänger zu liefern.

Berichtswesen
Gesamtheit der Regelungen und Instrumentarien zur Erstattung und Behandlung von {vgl.} Berichten. Siehe auch Bericht und In-

formations-/Berichtswesen.

Beschaffungslogistik
Versorgungsprozesse, die durch eine Bedarfsmeldung ausgelöst werden und bis zur Bereitstellung des Materials beziehungsweise der Ausrüstung am Einbauort reichen. Die einzelnen Beschaffungsprozesse wie Auswahl der Lieferanten, Bestellung, Antransport und Bezahlung sind in der Regel nur beim autonomen Projektmanagement Aufgabe des Projektmanagements selbst.

Beziehungen
Systemtheoretisch: Beziehung zwischen den Elementen eines Systems (z.B. im {vgl.} Projektstrukturplan oder in einem {vgl.} Zielsystem). Ziele können in unterschiedlichster Weise untereinander in Beziehung stehen. Sie können sich gegenseitig unterstützen, ausschließen oder zueinander neutral sein. Meist jedoch konkurrieren sie miteinander, so dass Kompromisse gefunden werden müssen. Siehe auch {vgl.} Schnittstelle.

Bezugsbasis
Dokumentation, auf die sich alle weiteren Änderungen beziehen (im {vgl.} Konfigurationsmanagement: {vgl.} Bezugskonfiguration).

Bezugskonfiguration
Die formell zu einem bestimmten Zeitpunkt festgelegte Konfiguration eines Produkts, die als Grundlage für weitere Tätigkeiten dient. Eine neue Bezugskonfiguration (= Referenzkonfiguration) entsteht entweder im Ergebnis einer Projektphase oder im Sonderfall auch innerhalb einer Phase, wenn mehrfache Änderungen die Übersicht gefährden.

Brainstorming
Kreativitätstechnik, mit der Ideen und Aspekte für eine Problemlösung erschlossen werden können.

Brainwriting

Kreativitätstechnik, die vorwiegend in Gruppen angewandt wird und dem Brainstorming ähnelt. Das Besondere des Brainwriting gegenüber dem Brainstorming ist, dass jeder Teilnehmer in Ruhe Ideen sammeln und verschriftlichen kann. Brainwriting wird überall dort eingesetzt, wo es um Ideenentwicklung in Gruppen geht.

Budget

Vorgegebenes Kostenlimit für ein {vgl.} Projekt, eine {vgl.} Teilaufgabe oder ein {vgl.} Arbeitspaket.

Budgetierung

Vorgabe von Kostenlimits.

Chance

Eintrittsmöglichkeit eines nützlichen, positiven Ereignisses.

Claimmanagement (= CM)

Komponente des professionellen Projektmanagements, in etwa zu übersetzen mit Aufbau und Abwehr von {vgl.} Nachforderungen. Claim: Anspruch, Anrecht, Forderung. CM wird meist übersetzt mit {vgl.} Nachforderungsmanagement.

Codierung

Kennzeichnung von Objekten mit einem Code (= Schlüssel), der eine eindeutige Beziehung zwischen dem Objekt und seiner Beschreibung herstellt. Zu unterscheiden sind
• nach den verwendeten Zeichen: numerische, alphabetische, alphanumerische Codes,
• nach dem Aufbau: ungegliederte oder mittels Separatoren (z.B. / . -) gegliederte Codes,
• nach Verwendungszweck: identifizierende Codes als Ordnungssystem (jedes Element hat seinen Code) und klassifizierende Codes (jedes Merkmal hat seinen Code).

Control

Ursprünglich im Sinne von Überwachung gebraucht, ist die Bedeutung von Control zunächst im Maschinenbau auf Steuerung erweitert worden und bedeutet nun auch im täglichen Leben etwas im Griff haben. Oft kann aus dem Kontext entnommen werden, welche Bedeutung gemeint ist. Im Zweifelsfall sollte jedoch stets nachgefragt werden.

Control Charts

Diagramme und Tabellen, die einen Verlauf für Steuerungszwecke darstellen (z.B. {vgl.} Meilensteintrend- und {vgl.} Kostentrenddiagramme).

Controller (= Projektcontroller)

Funktion im Projektmanagement, der das {vgl.} Controlling obliegt - im Regelfall als {vgl.} Stelle definiert. Der Controller hat im Wesentlichen Servicefunktion. Er trägt - etwas vereinfacht gesagt – insbesondere die Verantwortung dafür, dass der Status der einzelnen Projekte für alle Stakeholder jederzeit transparent ist. Er unterstützt den Projektleiter bei der Aufgabe des operativen Projektmanagements und mahnt gegebenenfalls auch Steuerungsaktionen an. Bei kleineren Projekten ist der Projektleiter häufig sein eigener Controller. Die Erfassung der Ist-Daten obliegt häufiger dem Projektassistenten. Ist die Bewertung der Abweichungen nicht geregelt, so bleibt sie dem Projektleiter überlassen. Das ist weder für das Projekt noch für ihn selbst ideal.

Controlling

Laufende Erfassung der Ist-Daten über Zeit, Aufwand/Kosten und Leistung/Qualität, Bewertung von Soll-Ist-Abweichungen und im Bedarfsfall Veranlassung von Maßnahmen. Die konkreten Ausprägungen des Controlling können sehr unterschiedlich sein, zum Beispiel hinsichtlich der Ausstattung mit {vgl.} Befugnissen.

Dauer (D)

Zeitspanne vom Anfang bis zum Ende eines Vorgangs. Anzahl von Zeiteinheiten im Arbeitskalender (z.B. ohne arbeitsfreie

Tage). Dauer wird nicht nur auf Vorgänge, sondern auch als {vgl.} Projektdauer auf das ganze Projekt bezogen.

Deliverable
Das zu Liefernde, allgemein für Vertragsgegenstand.

Dokumentation
Systematische Zusammenstellung von Informationen über das Projektergebnis (Bestandsunterlagen, Nutzer-/Betreiberdokumentation) und seinen Entstehungsprozess (Entwicklerdokumentation).

Effizienzabweichung
Differenz zwischen {vgl.} Soll-Kosten der Ist-Leistung (= Arbeitswert, Ist-Fertigstellungswert, Budgeted Cost of Work Performed) eines Arbeitspakets oder einer Teilaufgabe und den tatsächlich bis zum Stichtag angefallen Kosten (= {vgl.} Ist-Kosten der Ist-Leistung). Sofern der Leistungsfortschritt zuverlässig ermittelt wurde, ist die Effizienzabweichung ein Maß dafür, wie wirtschaftlich das Arbeitspaket oder die Teilaufgabe durchgeführt wurde.

Eigenleistung
Mit eigenen Ressourcen des Projektträgers realisierte Teilaufgaben/ Arbeitspakete.

Einsatzmittel (= EM)
Personal oder Sachmittel, die zur Durchführung von Vorgängen, Arbeitspaketen oder Projekten benötigt werden.

Einsatzmittelmanagement
Ermittlung der benötigten Einsatzmittel ({vgl.} Ressourcen) und deren Zuordnung für das Gesamtprojekt und die einzelnen Vorgänge, deren effektive Einsatzsteuerung und Kontrolle.

Einsatzmittelsystematik
Übersicht über die verfügbaren beziehungsweise die benötigten {vgl.} Einsatzmittel/{vgl.} Ressourcen mit dem Zweck, jeden {vgl.} Einsatzmittelbedarf/{vgl.} Ressourcenbedarf einer dafür geeigne-

ten Ressource zuordnen zu können. Wichtig ist die {vgl.} Codierung der Ressourcen.

Eintrittswahrscheinlichkeit
Wahrscheinlichkeit, dass bei einem bestimmten Risiko der Ernstfall tatsächlich eintritt. Neben der Schadenshöhe ist die Eintrittswahrscheinlichkeit ein Bewertungsmaß für Risiken.

Ergebnis/Erzeugnis
Je nach Projektart sehr verschiedenartiger {vgl.} Zielzustand des Projekts. Die Bezeichnung Erzeugnis meint eher den Sonderfall gegenständliches Ergebnis (z.b. ein Bauwerk), während die allgemeinere Bezeichnung Ergebnis zum Beispiel für Organisationsprojekte, für Bildungsprojekte oder auch für gegenständliches Ergebnis nebst Umfeld verwendet wird. Im Sinne der Vermarktung kann jedes Ergebnis/Erzeugnis ein {vgl.} Produkt sein. Siehe auch {vgl.} Projektziel.

Ergebnisziele (Systemziele, Projektgegenstandsziele, Aufgabenziele)
Projektziele, die den mit dem Projekt zu erreichenden Zielzustand betreffen, etwa Leistungs-/Funktionsziele (= Qualitätsziele), Finanzziele, sozialpolitische und ökologische Ziele. Gegensatz: {vgl.} Vorgehensziele oder Prozessziele.

Ertragswert (= Arbeitswert, Ist-Fertigstellungswert, Sollkosten der Ist-Leistung, Earned Value, Budgeted Cost of Work Performed)
Mit der geleisteten Arbeit begründeter Vergütungsanspruch, rechnerisch in der Regel als {vgl.} Fertigstellungswert ermittelt.

Erzeugnisstruktur
{vgl.} Struktur eines Ergebnisses menschlicher Tätigkeit. Sofern es sich dabei um die Ergebnisse von Projekten handelt, sind zwei unterschiedlich detaillierte Strukturen zu unterscheiden:
• {vgl.} Projektstrukturplan ({vgl.} objektorientiert) als Gliederung in {vgl.} Arbeitspakete,

- {vgl.} Konfigurationsstruktur als Gliederung bis ins technische Detail.

Eskalationsverfahren

Definiertes Verfahren für den Fall, dass Störungen aufgetreten sind, die mit den normalen Mitteln der Projektsteuerung nicht bewältigt werden können. Dies erfordert, dass Grenzwerte definiert sind und bedeutet beispielsweise die Einbeziehung höherer Leitungsebenen, die Auflösung von Reserven oder den Start von Notprogrammen.

Estimate at Completion (= EAC)

Schätzwert für die voraussichtlich zum Zeitpunkt des Projektabschlusses insgesamt angefallenen Kosten.

Estimate to Completion (= ETC)

Die schätzungsweise bis zur Fertigstellung noch zu erwartenden Kosten (= Restkostenschätzung).

Fertigstellungsgrad

Verhältniszahl zwischen Ertragswert/Fertigstellungswert und den (geplanten) Projektgesamtkosten. Für jeden Zeitpunkt im Projektablauf kann ein geplanter und ein tatsächlicher Fertigstellungsgrad ermittelt werden.

Fertigstellungswert (= Ertragswert, Earned Value, Soll-Kosten der Ist-Leistung, FW, Budgeted Cost of Work Performed, BCWP)

Die dem Fertigstellungsgrad entsprechenden Kosten eines Vorgangs oder eines Projekts. Fertigstellungswert steht für {vgl.} Soll-Kosten der Ist-Leistung.

Finanzmittel

Geldmittel, die zur Vergütung von Sach- und Dienstleistungen verfügbar beziehungsweise nötig sind.

Fremdleistung

Zur Realisierung an Dritte/Subunternehmer vergebene Teilaufgaben/ Arbeitspakete beziehungsweise deren Ergebnis. Gegensatz: Eigenleistung.

Führungsvereinbarung

Dokument, in dem konkrete Leitlinien für das Zusammenwirken der Leitung mit den Mitarbeitern fixiert sind.

Funktion

Nach seinem Inhalt definierter Aufgaben-, Zuständigkeits-, Kompetenzbereich. Siehe auch {vgl.} Stelle.

Gemeinkosten

Einem Kostenträger nicht direkt zuordenbare Kosten, die durch Umlage anteilig auf die {vgl.} Kostenträger oder auf Kostenstellen verteilt werden.

Gemischtorientiert

Ein {vgl.} Projektstrukturplan ist gemischtorientiert, wenn die in ihm enthaltenen Teilaufgaben zum Teil (in den oberen Ebenen!) {vgl.} objektorientiert und zum Teil {vgl.} prozessorientiert definiert sind.

Gesamtkosten (= BAC)

Geplante Gesamtkosten des Projekts sind die definitiv zum Plan erklärten Gesamtkosten des Projekts. In der Regel werden unter Gesamtkosten die Erstellungskosten verstanden, die dem Vertragspreis des Projekts gegenüberzustellen wären. Siehe aber {vgl.} Lebenszykluskosten.

Gewerk

Nach handwerklicher Qualifikation definierte Ressourcenart (z.B. Maler, Maurer).

Histogramm

Diagrammtyp, bei dem die Abszissenachse die Zeitachse ist, über der zu jedem Zeitpunkt oder Zeitintervall als Ordinatenwerte Schnitt größen dargestellt werden (z.b. Kosten oder Arbeitskräfteanzahl für alle jeweils geschnittenen Vorgänge des Netzplans).

Information

Kenntnis, die die Ungewissheit über das Eintreten eines Ereignisses aus einer Menge von möglichen Ereignissen verringert oder beseitigt.

Informations-/Berichtswesen

Zielgruppenorientierte, bedarfsgerechte Information aller Projektbeteiligten über die Projektprozesse, insbesondere für Steuergremien und Dokumentation. {vgl.} Bericht.

Informationsflüsse

Bewegung der Informationen zwischen den einzelnen Stellen in einer Organisation. Informationsflüsse sind Gegenstand der {vgl.} Informationssysteme.

Informationssystem

Gesamtheit der Informationsmittel und der Regelungen für die Kommunikation innerhalb des Projektteams sowie zwischen dem Projektteam und seiner Umgebung.

Informelle Kommunikation

Kommunikationsweise, die nicht formal geregelt ist. Unverzichtbare Ergänzung der formalen Kommunikation zur Sicherung von Flexibilität und Entwicklungsfähigkeit.

Institutionalisiert

In der Aufbau- und Ablauforganisation definierte Zuordnung (von Aufgaben oder Prozessen) zu bestimmten Stellen (Institutionen).

Instrumente, Instrumentarien
Materielle Hilfsmittel wie Checklisten, Computerhard- und -software, Büro- und Präsentationstechnik. Dazu zählen auch alle Methoden/Verfahren, die in Checklisten und Software instrumentalisiert sind.

Ist-Dokumentation
Dokumentation des Ist-Zustands.

Ist-Kosten (= Ist-Kosten der Ist-Leistung, Actual Cost of Work Performed, ACWP)
Tatsächlich für die erbrachte Leistung angefallene Kosten.

Jour fixe
Regelmäßiger Besprechungstermin.

Karrierepläne
Personenbezogene Pläne zur längerfristigen Entwicklung des eigenen Personals (in Großunternehmen).

Kick off (-Meeting)
Startschuss des Projekts: Offizielle Bekanntgabe und Inkraftsetzung der Ziele und des Regelwerks für das Projekt. Zu beachten ist der Unterschied zum {vgl.} Projektstart-Workshop.

Kommunikation
Bezeichnet den Austausch von Informationen und ist damit eine spezifische Form sozialer Interaktion. Auch: Gesamtheit der technischen Mittel und der Regeln für deren Benutzung zur Sicherung der Kommunikation zwischen den Personen und Prozessen im Projekt.
Zugehörige Prozesse siehe unter {vgl.} Informations-/Berichtswesen.

Konfiguration
Funktionelle und physische Merkmale eines Produkts, wie sie in seinen technischen Dokumenten beschrieben und im Produkt verwirklicht sind.

Konfigurationsaudit
Überprüfung der Übereinstimmung des realen Ausführungs-
stands mit den gültigen Konfigurationsdokumenten zu bestimmten Zeitpunkten oder Anlässen.

Konfigurationsbuchführung
Hilfsprozess der Konfigurationsüberwachung mit den Aufgaben Regist-
rierung und Archivierung der Änderungen und Statusberichterstattung.

Konfigurationsdokumente
Detaillierte Produktdokumentation mit identifizierender Codierung von Konfigurationseinheiten und Einzelteilen.

**Konfigurationsidentifikation (= Konfigurationsbestim-
mung)**
Grundlegendes Teilgebiet des Konfigurationsmanagements:
• Strukturierung des Gesamtprodukts in Konfigurationseinhei-
ten (KE)
• Codierung und Kennzeichnung der KE sowie der zugehörigen
Dokumente
• Beschreibung der KE (inkl. anzuwendenden Vorschriften und
Prozessen)

Konfigurationsmanagement
Detaillierte und vollständige Zusammenstellung und Dokumentation der Projektergebnisse sowie deren systematische Aktuali-
sierung bei Projektänderungen. Technische und organisatorische
Maßnahmen zur Konfigurationsidentifizierung, -überwachung,
-buchführung, -auditierung.

Konfigurationssteuerung
Funktion beziehungsweise Stelle im Projektmanagement, die die
Realisierung der geplanten Konfiguration überwacht und ggf.
selbst steuernd eingreift.

Konfigurationsstruktur
Detaillierte Gliederung eines Erzeugnisses in {vgl.} Konfigura-

tionseinheiten sowie deren systematische {vgl.} Codierung und Kennzeichnung. Ergebnis der {vgl.} Konfigurationsidentifikation.

Konfigurationsüberwachung (= Änderungsmanagement)
Grundlegendes Teilgebiet des Konfigurationsmanagements, das die Realisierung der geplanten Konfiguration überwacht und ggf. notwendige Eingriffe selbst veranlasst oder signalisiert.

Kontenrahmen, Kontenplan
Das {vgl.} Ordnungssystem für die Erfassung von {vgl.} Kosten und {vgl.} Finanzen in einem Geschäftsbereich. Der Kontenrahmen für Unternehmen ist weitgehend durch die (Steuer-)Gesetzgebung vorgeschrieben. Erhebliche Unterschiede gibt es jedoch bei der Erfassung der Kostenarten in Projekten.

Kosten
Bewerteter Güter- und Dienstleistungsverzehr zur Erstellung der betrieblichen Leistung.
- Zuordenbarkeit: Einzelkosten, Gemeinkosten.
- Zuordnung: {vgl.} Kostenträger, {vgl.} Kostenstelle.
- Art der Entstehung: {vgl.} Kostenarten.
- Zeitliche Einordnung: Erstkosten, Folgekosten, Lebenszykluskosten.

Kostenarten
Nach der Art der Entstehung definierte Kostenanteile, zum Beispiel
- Personalkosten: Löhne und Gehälter, Lohnnebenkosten
- Sachkosten: Material, Maschinen, Gebäude
- Finanzierungskosten: Zinsen, Aufschläge
- Dienstleistungen: Energie, Beratung
- Abgaben: Steuern, Gebühren

Kostenganglinie (KGL)
Grafische oder tabellarische Darstellung des Kostenanfalls über die Projektdauer (Ordinatenwert = Kosten je Zeitintervall).

Kostenmanagement

Ermittlung der Kosten für die einzelnen Arbeitspakete und Vorgänge sowie für das Gesamtprojekt als Grundlage für Finanzierung, Budgetierung und Controlling der Projekte. Im Englischen ist Resource Planning in Cost Management enthalten.

Kostenplanung

Vorausbestimmung der Projektkosten nach Höhe und zeitlicher Verteilung - siehe {vgl.} Kostenganglinie und {vgl.} Kostensummenlinie.

Kostensatz

Kosten je Einheit, d.h. je Zeiteinheit (z.B. €/h) oder je Naturaleinheit (z.B. €/m²).

Kostenstelle

Räumlich oder organisatorisch abzugrenzender Ort einer Organisation, an dem Kosten anfallen. Kostenstellen entsprechen zum Beispiel einzelnen Abteilungen oder auch einzelnen Maschinen. Die Kosten können entweder direkt der Kostenstelle zugeordnet (z.B. Abschreibungen auf Maschinen, die in der Kostenstelle aufgestellt sind) oder nur mit Hilfe von Schlüsselfaktoren umgelegt werden (z.B. die Kosten der Gebäudeheizung). Im ersten Fall spricht man von Kostenstelleneinzelkosten, im zweiten von Kostenstellengemeinkosten.

Kostensummenlinie (= KSL)

Grafische oder tabellarische Darstellung des Kostenverlaufs über die Projektdauer (Ordinatenwert = kumulierte Kosten bis zum jeweiligen Zeitpunkt). Die KSL wird durch aufsummieren aus der {vgl.} Kostenganglinie gebildet.

Kostenträger

Im Projektmanagement ist grundsätzlich das Projekt der Kostenträger. In der Regel fungieren jedoch auch Teilaufgaben/Teilobjekte und Arbeitspakete als Kostenträger, so dass der {vgl.} objektorientierte PSP idealerweise als Kostenträgerstruktur dient.

Kostentrendanalyse (= KTA)

Gewinnung von Aussagen über die künftige Entwicklung der Projektkosten aus den {vgl.} Ist-Kosten (siehe auch Estimate to Completion, {vgl.} Estimate at Completion). Eine realistische Kostentrendanalyse ist nur in Verbindung mit der Fortschrittsmessung möglich (Kostenunterschreitung ist negativ zu bewerten, wenn sie mit Leistungsverzug einhergeht), {vgl.} Fertigstellungswert.

Kostenziele

Primär für das Projekt und seine {vgl.} Arbeitspakete die Obergrenzen der Kosten, die nicht überschritten werden sollen. Kostenziele können aber beispielsweise auch für den zeitlichen Kostenanfall und für die Verteilung nach Kostenarten definiert sein.

Kritisch

Kritisch ist im Projektmanagement meist im Sinne des englischen crucial gemeint, was laut Wörterbuch die Aspekte kritisch, entscheidend, wichtig gleichzeitig enthält. Der Kritische Weg ist die längste, also Zeit bestimmende Vorgangskette im Ablaufplan. Kritische Ressourcen sind die auf dem Kritischen Weg eingesetzten Engpassressourcen.

Kontinuierlicher Verbesserungsprozess (= KVP)

Eine der grundlegenden Vorgehensweisen des {vgl.} Qualitätsmanagements. Das Prinzip der ständigen Verbesserung lautet: Suche ständig nach den Ursachen von Problemen, um alle Systeme (Produkte, Prozesse, Aktivitäten) im Unternehmen beständig und immer wieder zu verbessern.

Lastenheft

Vom Auftraggeber festgelegte Gesamtheit der Forderungen an die Lieferungen und Leistungen eines Auftragnehmers innerhalb eines Auftrags. Zusammenstellung aller Anforderungen an das Projekt aus der Auftraggeber- beziehungsweise Nutzersicht (vor allem Ziele, Liefer- und Leistungsumfang, Randbedingungen). Das Lastenheft sollte ebenso vom Projekt als Auftraggeber gegenüber {vgl.} Ausführungsbetrieben verwendet werden.

Lebenszykluskosten

Kostenbetrachtung, die neben den Erstellungskosten/Erstkosten auch die Folgekosten (Betriebs-, Unterhaltungs-, Rekonstruktions-, ... und Abrisskosten) umfasst (das Projekt von Erde zu Erde).

Leistungsabweichung

Differenz zwischen {vgl.} Soll-Kosten der Ist-Leistung (= Arbeitswert, Ist-Fertigstellungswert, Budgeted Cost of Work Performed) und {vgl.} Soll-Kosten der Soll-Leistung (= Welche Kosten hätten nach Plan für die bis zum Stichtag geplante Leistung anfallen dürfen?). Die Leistungsabweichung erlaubt eine Aussage darüber, wieweit der für ein Arbeitspaket oder eine Teilaufgabe Verantwortliche im Leistungsverzug ist oder mehr als die bis zum Stichtag geplante Leistung erbracht hat. Leistungsverzug oder Vorsprung bei der Leistungserstellung werden nicht direkt ermittelt, sondern mit Hilfe von Kostengrößen. Die Aussagekraft der Kennzahl steht und fällt damit, wie zuverlässig der Leistungsfortschritt gemessen werden kann.

Lenkungsausschuss

Gremium aus bevollmächtigten Vertretern von {vgl.} Auftraggeber, Investor(en), Auftragnehmern, gegebenenfalls auch Behörden und Trägern öffentlicher Belange. Synonym: {vgl.} Steuergremium. In manchen Organisationen wird jedoch unterschieden: Steuergremium meint ein internes Gremium des {vgl.} Projektträgers, Lenkungsausschuss ein Gremium unter Einbeziehung externer Partner. {vgl.} Portfolioausschuss.

Linie

In der Aufbauorganisation eines Unternehmens die Folge der Unterstellungsverhältnisse vom einzelnen Mitarbeiter über Abteilungsleiter, Hauptabteilungsleiter usw. bis zum Topmanagement. Im Projektmanagement steht die Linie als Kurzwort für die vertikale Einbindung der {vgl.} Projektmitarbeiter in ihre Stammorganisation, im Gegensatz zur horizontalen Einbindung in die Projektorganisation ({vgl.} Matrixorganisation).

Linienvorgesetzter (= Functional Manager)
Verantwortlicher für eine bestimmte Abteilung oder Funktion.

Logistik
Physische Gewährleistung der Versorgung der Realisierungsprozesse mit den zugeteilten {vgl.} Einsatzmitteln. Dazu gehören auch die Instandhaltungs- und die Entsorgungslogistik.

Lösungsneutral
Geforderte Eigenschaft von Zieldefinitionen. Diese sollen die angestrebten Eigenschaften definieren, ohne den Lösungsweg (unnötig) einzuschränken.

Management by Projects
Nach der ICB ein zentrales Managementkonzept von Stammorganisationen, insbesondere von projektorientierten Unternehmen. Projektorientierte Unternehmen erfüllen ihre Aufgaben vor allem in Form von Projekten. Parallel werden viele verschiedene Projekte begonnen, geführt und abgeschlossen. Durch Management by Projects werden die organisatorische Flexibilität und Dynamik gesteigert, die Managementverantwortung dezentralisiert, das Lernen im Unternehmen verbessert und die organisatorischen Veränderungen erleichtert.

Matrixorganisation
Form der Projektorganisation, wobei jeder Projektmitarbeiter in der Linie (= vertikal), seinem Vorgesetzten (z.B. Abteilungsleiter) unterstellt bleibt, während er gleichzeitig Anforderungen des Projekts erfüllen soll und Weisungen vom Projektleiter erhält (= horizontal). So entsteht das Bild einer Matrix.

Meilenstein
Im Netzplan/Ablaufplan: Ereignis von besonderer Bedeutung (z.B. Abschluss einer {vgl.} Teilaufgabe, Zwischenabnahme).

Meilenstein-Trendanalyse (= MTA)
Systematische Beobachtung der {vgl.} Meilensteine, wie sich die-

se im Laufe des Projekts verschieben. Das Meilenstein-Trenddiagramm ist eines der wichtigsten Instrumente des Projektmanagements. Es besitzt zwei Zeitachsen. Auf der X-Achse befinden sich die Beobachtungszeitpunkte, auf der Y-Achse die jeweils erwarteten (prognostizierten) Eintrittszeitpunkte der Meilensteine.

Mengengerüst

Verzeichnis der für ein Projekt benötigten Mengen an Material oder allgemein an Komponenten, für die ein Zeit- oder Kostenaufwand bestimmbar ist.

Methode

Ein Verfahren nach Grundsätzen, ein planvolles Verfahren. Oft gebraucht für detailliert definierte Algorithmen im Rahmen komplexerer {vgl.} Verfahren. Entwicklung verschiedener Planvarianten, aus denen dann je nach Möglichkeit eine zur Realisierung ausgewählt wird.

Mind-Map

ist eine grafische Darstellung, die Beziehungen zwischen verschiedenen Begriffen aufzeigt.

Monitoring

Beobachtung/Überwachung von Prozessen.

Multiprojektkoordination (= Multiprojektmanagement)

Abstimmung von Terminen, Ressourceneinsatz, Leistungszielen etc. ... zwischen mehreren Projekten zwecks Erschließung von {vgl.} Synergieeffekten und Vermeidung gegenseitiger Störungen.

Nachforderung

Nicht geplante beziehungsweise über den Vertragsumfang hinausgehende vergütungspflichtige Leistung beziehungsweise deren Vergütung.

Nachforderungs-/Claim-Management

Erfassung aller nachforderungsrelevanten Daten, deren juristische und wirtschaftliche Bewertung und schließlich Aufbau beziehungsweise Abwehr von Nachforderungen.

Nachforderungsrelevant

Alle Ereignisse gelten als nachforderungsrelevant, wenn nachweislich ein quantifizierbarer Schaden entstanden ist, wenn der Schaden vom Gegner verursacht wurde und wenn sowohl eine Rechts- als auch eine Anspruchsgrundlage anzunehmen sind. Insofern gelten auch alle Informationen über nachforderungsrelevante Ereignisse selbst als nachforderungsrelevant.

Objektorientiert

Ein objektorientierter Projektstrukturplan definiert eine Struktur des Projektergebnisses, also des Erzeugnisses. Gegensatz: {vgl.} prozessorientiert.

Obligo

Kaufmännische Verbindlichkeit, Zahlungsverpflichtung. Entsteht in der Regel durch Abschluss eines Liefer-/Leistungsvertrags.

Organigramm

Leitungsstruktur in Unternehmen, Projekten und anderen Organisationen, meist als Baumstruktur grafisch dargestellt. Die direkte Verbindung zwischen zwei Stellen bedeutet eine Unterstellung, also das Weisungsrecht von oben nach unten und die {vgl.} Berichtspflicht von unten nach oben.

Organisation

Aufbau- und Ablauforganisation im Projekt, deren Anpassung an den Projektfortschritt und Einbindung in die Trägerorganisation. Siehe {vgl.} Projektorganisation.

Organisationsplanung

Entwicklung von {vgl.} Aufbau- und {vgl.} Ablauforganisation für ein Projekt. Siehe {vgl.} Projektorganisation.

Pflichtenheft

Vom Auftragnehmer erarbeitete Realisierungsvorgaben aufgrund der Umsetzung des vom Auftraggeber vorgegebenen {vgl.} Lastenhefts. Das Pflichtenheft ist im Regelfall zwischen Auftraggeber und Projektleiter zu vereinbaren, wird aber oft auch als rein interne Unterlage des Auftragnehmers gehandhabt.

Portfoliodarstellungen

Können zur Unterstützung der Projektauswahl benutzt werden. Die zur Auswahl stehenden Projekte werden nach nur zwei Merkmalen (Dimensionen) bewertet. Eine dritte Dimension (z.B. das vorgesehene Budget) kann durch die Fläche der Kreise, die das jeweilige Projekt repräsentieren, hinzugefügt werden. Portfoliodarstellungen sind wegen ihrer Anschaulichkeit beliebt. Die Beschränkung auf zwei Dimensionen erweist sich aber oft als gefährlich, weil Projekte mehr Charakteristika als nur zwei haben. Deshalb gibt es auch eine ganze Reihe von {vgl.} Projektportfolios mit unterschiedlichen Dimensionen. Ein weit verbreiteter Portfolioansatz ist das Technologievorteil (1. Dimension)-Kundennutzen (2. Dimension)-Portfolio. Bewertet werden Projekte bzw. die Produkte, die in den Projekten entstehen sollen, nach dem Technologievorsprung, den ein Unternehmen hat, und nach dem erwarteten Kundennutzen.

Programm

Großprojekte mit einer Anzahl von Teilprojekten werden auch als Programme bezeichnet. Ein Beispiel ist die Entwicklung einer neuen Generation von Lastkraftwagen durch einen Automobilhersteller bzw. seine Zulieferer. Verantwortlich für das Programm ist der Programmmanager. Im Gegensatz zum {vgl.} Projektportfolio hat ein Programm - genauso wie ein Projekt - das Merkmal der zeitlichen Begrenzung. Das Lkw-Programm ist beendet, wenn die Kunden die einzelnen Fahrzeugtypen erwerben können. Der Programmmanager ist dann entlastet.

Priorisierung

Definition beziehungsweise Anwendung von Vorrangregelungen

für Konfliktsituationen, zum Beispiel hinsichtlich der
- Beanspruchung von Projektmitarbeitern durch {vgl.} Projekt und {vgl.} Linie,
- Erfüllung konkurrierender Ziele,
- Ausführung konkurrierender Vorgänge durch Engpassressourcen u.a..

Project Management Office (= Project Office, Projektbüro)

Der Aufgabenkatalog eines Project Management Office kann von Organisation zu Organisation unterschiedlich sein. Es soll vor allem Transparenz über das Projektportfolio (Termine, Ressourceneinsatz, Kosten, sachliche Beziehungen zwischen den Projekten) herstellen und Unterstützung bei der Projektauswahl und der Koordination der Projekte geben. Weitere Aufgaben können sein, einen Pool von Projektleitern bereit zu stellen, Projektbeteiligte in Projektmanagement auszubilden, Prozesse zu vereinheitlichen und Standards zu entwickeln. {vgl.} Projektcontroller.

Projektmanagement-Kosten

Personeller und finanzieller Aufwand für die Leitung des (aktuellen) Projekts. Er sollte generell als {vgl.} Teilaufgabe im {vgl.} PSP integriert sein.

Projektmanagement-Tools

Kurzbezeichnung für die Gesamtheit der Instrumentarien und Hilfsmittel des Projektmanagements, insbesondere die Software.

Prognose

1. Allgemein: Gewinnung von Informationen über künftige Entwicklungen mittels Umfragen, Scenario Writing, Extrapolation, Regression u.a..
2. Im Projektmanagement: Voraussage über die künftige Entwicklung des Projekts. Wichtigste Hilfsmittel sind {vgl.} Meilensteintrendanalysen und {vgl.} Kostentrendanalysen.

Projekt

Vorhaben, das im Wesentlichen durch die Einmaligkeit der Bedingungen in ihrer Gesamtheit gekennzeichnet ist - zum Beispiel Zielvorgabe, zeitliche, finanzielle, personelle und andere Begrenzungen, Abgrenzung gegenüber anderen Vorhaben und projektspezifische Organisation.

Projektabbruch
Vorzeitige Beendigung eines Projekts vor Erreichen der wesentlichen Projektziele. Es gilt im professionellen Projektmanagement als normal, dass ein gewisser Anteil der Projekte auch dann in Angriff genommen wird, wenn das Erreichen der Ziele nicht sicher ist. Umso wichtiger ist es, solche Projekte gegebenenfalls rechtzeitig und verlustarm abzubrechen.

Projektabschluss
Gesamtheit der Arbeitsschritte und Dokumente, die zum ordnungsgemäßen Beenden eines Projekts nötig sind: Abnahme/Übergabe des {vgl.} Projektergebnisses, Schlussrechnung, {vgl.} Projektdokumentation, Projektabschlussbericht u.a.

Projektauswahl
Auswahl von Projekten aus einer größeren Anzahl von Vorschlägen nach bestimmten Kriterien wie etwa dem zu erwartenden Deckungsbeitrag oder dem Return on Investment.

Projektbeteiligter
Person oder Personengruppe, die am Projekt beteiligt, am Projektverlauf interessiert oder von den Auswirkungen des Projekts betroffen ist. Beispiele: Auftraggeber, Auftragnehmer, Projektleiter, Projektmitarbeiter, Nutzer des Projektergebnisses, Anwohner, Naturschutzverbände, Presse, Stadtverwaltung.

Projektbudget
Summe der einem Projekt zur Verfügung gestellten finanziellen Mittel.

Projektcontroller
Siehe {vgl.} Controller.

Projektdauer

Anzahl von Zeiteinheiten (z.B. Monate, Arbeitstage) zur Realisierung eines Projekts, die zunächst geschätzt, dann berechnet, ggf. verkürzt, dann {vgl.} geplant, realisiert, überwacht, bei Bedarf korrigiert und dokumentiert wird.

Projektdokumentation (= PDO)

Zusammenstellung ausgewählter, wesentlicher Daten über Konfiguration, Organisation, Mitteleinsatz, Lösungswege, Ablauf und erreichte Ziele des Projekts.

Projektergebnis

Je nach Projektart sehr verschiedenartiger {vgl.} Zielzustand des Projekts. Die Bezeichnung Erzeugnis meint eher den Sonderfall gegenständliches Ergebnis (z.B. Bauwerk), während die allgemeinere Bezeichnung Ergebnis beispielsweise für Organisationsprojekte oder auch für ein gegenständliches Ergebnis nebst Umfeld verwendet wird.

Projektfortschritt

Maß für den erreichten Realisierungsstand eines Projekts, darstellbar als {vgl.} Fertigstellungswert (~grad) oder zum Beispiel realisierte {vgl.} Meilensteine.

Projektfreigabe

Unternehmerische Entscheidung, dass für ein Projekt Leistungen Dritter in Anspruch genommen werden dürfen. Projektfreigabe wird unterschiedlich benutzt:
• als Anstoß für die Vorbereitung des {vgl.} Projektstarts, dann vorläufige Projektfreigabe,
• als Synonym für {vgl.} Projektgenehmigung,
• als Anstoß für die Projektprozesse, wenn diese erst mit einer gewissen Verzögerung nach der Projektgenehmigung beginnen, dann endgültige Projektfreigabe.

Projektgenehmigung

Unternehmerische Entscheidung, dass eine Projektidee als Projekt realisiert werden soll, damit zentraler Punkt des {vgl.} Projektstarts.

Projektgesamtkosten
Die insgesamt dem {vgl.} Projekt zugerechneten {vgl.} Kosten.

Projekthandbuch
Zusammenstellung der für ein Projekt (in der Regel auf Grundlage des {vgl.} PM-Handbuchs) getroffenen Festlegungen und Vereinbarungen.

Projektinformation
Daten für Planung, Steuerung und Überwachung eines Projekts.

Projektinformationssystem (= PIS)
Gesamtheit der Einrichtungen und Hilfsmittel und deren Zusammenwirken bei der Erfassung, Weiterleitung, Be- und Verarbeitung, Auswertung und Speicherung der Projektinformationen. Umfasst auch Regelwerk und Datenbestände.

Projektkosten
Oberbegriff für alle im Zusammenhang mit Projekten auftretenden Kosten, darunter die {vgl.} Projektgesamtkosten.

Projektmanagement, Operatives
Der Projektleiter hat die Aufgabe des Operativen Projektmanagements. Das bedeutet, dass er Termine und Kosten einhalten muss, dass er verpflichtet ist, die gewünschte Qualität zu liefern und dass er das Vorhaben zur Zufriedenheit der wichtigsten Stakeholder abwickeln muss.

Projektmanagement, Strategisches
Die Aufgabe des Strategischen Projektmanagements (= die richtigen Projekte machen) nehmen in der Regel Gremien wahr, die speziell dafür gegründet wurden und zum Beispiel Projektsteuerungsgremium, {vgl.} Lenkungsausschuss oder {vgl.} Projektportfolio-Board genannt werden. Derartige Gremien dürfen nicht mit Steuerungsgremien verwechselt werden, die für ein einzelnes Pro-

jekt installiert wurden. Die Mitglieder eines Projektsteuerungs-gremiums sind in aller Regel in der Unternehmenshierarchie hoch angesiedelt. Sie sind insbesondere für die Projektauswahl und den rechtzeitigen Projektabbruch zuständig. Sie müssen auch weitere Entscheidungen fällen, die nicht der einzelne Projektleiter, son-dern nur Gremien treffen können, die das gesamte Projekt- und Produktportfolio überschauen und mit der Unternehmensstrate-gie vertraut sind. Zu diesen Entscheidungen zählt zum Beispiel die Verabschiedung der Projektdefinition.

Projektmanagement-Handbuch (= PM-Handbuch, PMH)

Zusammenstellung von Regelungen, die innerhalb einer Organi-sation für die Planung und Durchführung aller Projekte gelten.

Projektmanagement-Prozess

Gesamtheit der vom Projektmanagement im Rahmen des Pro-jektprozesses zu leistenden Prozesse, zu gliedern in {vgl.} Pro-jektvorbereitung, {vgl.} Projektstart, {vgl.} Projektrealisierung (= Management der technischen Planung und Durchführung) und {vgl.} Projektabschluss.

Projektmanagement-System (= PM-System, PMS)

Organisatorisch abgegrenztes Ganzes, das durch das Zusammen-wirken seiner Elemente in der Lage ist, Projekte vorzubereiten und abzuwickeln.

Projektmitarbeiter

Gesamtheit der an einem Projekt mitwirkenden Personen, also neben den definitiv zugeordneten Projekt(team)mitgliedern auch weitere mit Zuarbeiten betraute Personen.

Projektorganisation (= PO)

{vgl.} Aufbau- und {vgl.} Ablauforganisation im Projekt bzw. im PM-System, siehe auch {vgl.} Organisation. Charakteristische Be-sonderheit der Projektorganisation ist ihre Veränderlichkeit nach Personalstärke und Ausstattung über die {vgl.} Projektphasen.

Projektpersonal
Oberbegriff für alle in einer Organisation in Projekten tätigen Personen, also Projektverantwortliche und Projektmitarbeiter.

Projektportfolio
Ein Projektportfolio besteht aus mehreren oder vielen eigenständigen Projekten in einem Unternehmen, die in Beziehung zueinander stehen (z.b. alle IT-Projekte oder alle Investitionsprojekte eines Unternehmens). Im Gegensatz zum {vgl.} Programm ist die Aufgabe des Managements von Projektportfolios (= Mehr- beziehungsweise Multiprojektmanagement) permanent. Das Projektportfolio erneuert sich ständig durch Abschluss oder Abbruch und durch die Neuaufnahme von Projekten. Der Projektportfoliomanager ersetzt nicht die Leiter der einzelnen Projekte eines Portfolios. Im Gegensatz zum Programmmanager hat er - grob gesprochen - die Funktion eines Controllers, der für Transparenz in der Projektlandschaft zu sorgen hat.

Projektportfolio-Board (= Lenkungsausschuss, Projektsteuerungsgremium)
Zu den Aufgaben {vgl.} Projektmanagement, Strategisches.

Projektpriorisierung
{vgl.} Systematische Bestimmung einer Rangfolge der Projekte untereinander. Höhere Priorität bedeutet in der Regel bevorzugte Versorgung mit Ressourcen in Engpass-Situationen.

Projektprozess
Gesamtprozess, der zur Erreichung des Projektergebnisses führt. Besteht zunächst aus dem {vgl.} Projektmanagement-Prozess und einer Vielzahl von Durch- beziehungsweise Ausführungsprozessen.

Projektrealisierung
Gesamtheit der Prozesse, die unmittelbar der Realisierung eines bestimmten Zielzustands dienen. Dazu gehört neben der Ausführung auch die (technische) Planung ({vgl.} Projektvorbereitung).

Projektreview

Stichtagsbezogene ganzheitliche Überprüfung der Projektsituation.

Projektstart

Im Kern die unternehmerische Entscheidung, dass eine Projektidee nunmehr als Projekt realisiert werden soll:

- Ein Projektverantwortlicher und das Projektteam werden benannt,
- {vgl.} Projektziele bestätigt,
- ein Projektbudget bewilligt,
- das {vgl.} Projekthandbuch in Kraft gesetzt,
- alle Projektdateien angelegt.

Der Projektstart bildet in aller Regel die Nahtstelle zwischen {vgl.} Projektvorbereitung und {vgl.} Projektrealisierung.

Projektstart-Workshop

Workshop des Projektteams, in dem die Projektziele, die Projektorganisation, Verfahrensweisen usw. beraten und vereinbart werden. Begriff wird sehr unterschiedlich gehandhabt (siehe Kickoff-Meeting).

Projektsteuerung

Allgemein: jeweils durch Vertrag nach Pflichten und Kompetenzen konkret zu definierendes Aufgabengebiet zur Überwachung (Soll-Ist-Vergleich) und zielorientierten Beeinflussung der Projektprozesse. Baubranche: durch den Verband der Projektsteuerer genau definiertes Aufgaben- beziehungsweise Tätigkeitsgebiet.

Projektstruktur

{vgl.} Struktur eines {vgl.} Projekts, dargestellt im {vgl.} Projektstrukturplan.

Projektstrukturplan (= PSP)

Systematische Aufgliederung eines (Gesamt-)Projekts in {vgl.} Teilaufgaben und {vgl.} Arbeitspakete. Der PSP kann grafisch oder tabellarisch dargestellt sowie funktionsorientiert, {vgl.} objektorientiert, {vgl.} prozessorientiert oder {vgl.} gemischtorientiert aufgebaut sein.

Projektstrukturplan, objektorientierter
Systematische Gliederung des Projekterzeugnisses in {vgl.} Teilobjekte und Arbeitspakete.

Projektstrukturplan, prozessorientierter
Systematische Gliederung des Projekts nach Prozessen (z.B. in Phasen oder im Bauwesen nach {vgl.} Gewerkegruppen und {vgl.} Gewerken).

Projektteam
Team aus den natürlichen Personen, die dem Projekt definitiv mit konkreten Aufgaben zugeordnet sind.

Projektteamsitzung
Zusammenkunft des {vgl.} Projektteams. Als {vgl.} Jour fixe bezeichnet, falls es regelmäßig zu bestimmten Terminen stattfindet.

Projektträger
Juristische oder natürliche Person, die als {vgl.} Auftraggeber des Projekts firmiert.

Projektvorbereitung
Gesamtheit aller Prozesse, die zu absolvieren sind, ehe mit dem {vgl.}Projektstart die {vgl.} Projektrealisierung eingeleitet wird.

Projektziel
Nachzuweisendes Ergebnis und vorgegebene Realisierungsbedingungen der Gesamtaufgabe eines Projekts.

Projektziele
Gesamtheit der mit dem und im Projekt zu erreichenden Ziele. Dabei werden unterschieden:
• nach der Beziehung zum Projektergebnis: Vorgehens- und Ergebnisziele,
• nach dem Gegenstand: Qualitäts-, Kosten- und Terminziele,
• nach Prozessnähe: allgemeine und {vgl.} operationale Ziele,

• nach dem Grad der Verbindlichkeit: Muss- und Wunschziele.
{vgl.} Projektziel im Sinne von Produkt oder Ergebnis.

Promotor
Förderer (des Projekts). Fachpromotor: Förderer mit besonderer Fachkompetenz. Machtpromotor: Förderer mit besonderer Autorität.

Prozessorientiert
Ein prozessorientierter Projektstrukturplan definiert eine Struktur des Projekt(realisierungs)prozesses. Er wird auch (in Organisationsprojekten) als funktionsorientiert oder (in Bauprojekten) als gewerkeorientiert bezeichnet. Gegensatz: {vgl.} objektorientiert.

PSP-Code
{vgl.} Ordnungssystem für die Elemente des {vgl.} Projektstrukturplans.

Pufferzeit (= Gesamtpuffer, GP)
Als Ergebnis der Netzplanterminrechnung entstandener Zeitraum, in dem ein Vorgang verlängert oder verschoben werden kann, ohne den Projektendtermin zu beeinflussen.

Pufferzeit, bedingte
Pufferzeit, die für eine Vorgangskette insgesamt verfügbar ist, also nur unter Berücksichtigung anderer Vorgänge nutzbar ist.

Pufferzeit, freie
Der Teil der Pufferzeit, der für einen Vorgang verfügbar ist, wenn alle seine Vorgänger auf ihren frühesten Termin festgelegt sind.

Quality Function Deployment (= QFD)
Standardverfahren des {vgl.} Qualitätsmanagements, zur Darstellung der Qualitätsfunktionen.

Qualität
Gesamtheit von Merkmalen einer Einheit bezüglich ihrer Eignung, festgelegte und vorausgesetzte Erfordernisse zu erfüllen.

Auch: Gesamtheit der Merkmale/Eigenschaften eines Erzeugnisses. Insofern meint Qualität das Erzeugnis selbst.

Qualitätskosten
Kosten, die explizit zur Erfüllung der Qualitätsziele aufgewendet werden. Dies umfasst die Kosten von Planung und Kontrolle der Qualitätssicherung sowie von Nachbesserungen und Ersatzleistungen.

Qualitätsmanagement (= QM)
Gesamtheit der elementübergreifenden generellen Maßnahmen und Regelungen zur Sicherung und Darlegung der Qualität von Produkten und Prozessen. Professionelles Projektmanagement ist Qualitätsmanagement für Projekte.

Qualitätsziele
Gesamtheit der Projektziele, die sich auf die Merkmale/Eigenschaften des Erzeugnisses (des Zielzustands) beziehen.

Rahmenbedingungen
Gesamtheit der Bedingungen, unter denen das Projekt in Angriff genommen wurde. Dazu können zum Beispiel die wirtschaftliche Lage des {vgl.} Projektträgers, die politische Situation oder Preise auf dem Absatz- und Beschaffungsmarkt zählen.

Referenzkonfiguration
{vgl.} Bezugskonfiguration.

Reserven
Vorräte an Zeit und Ressourcen, die bei planmäßigem Ablauf nicht verbraucht werden, jedoch zur Überwindung von Störsituationen eingesetzt werden können.

Reservezeit
Der Teil der Pufferzeit, der einem Vorgang bei der Terminfestlegung zusätzlich zur Arbeitsdauer als Störreserve zugeteilt wird. Reservezeiten können auch als {vgl.} Wartezeiten von vornherein im Netzplan eingeplant werden.

Risiko, Risiken

Projektrisiken sind mögliche Ereignisse oder Situationen mit negativen Auswirkungen (Schäden) auf das Projektergebnis insgesamt, auf einzelne Planungsgrößen oder Ereignisse, die neue unvorhergesehene und schädliche Aspekte aufwerfen können. Projektrisiko: Risiko, durch das der vorgesehene Ablauf oder Ziele des Projekts gefährdet werden können.

Risikoausschluss

Vertraglicher Risikoausschluss meint vertragliche Vereinbarungen zur Verteilung der Risiken zwischen den Vertragspartnern (z.B. Aufteilung von Haftungen und Versicherungen). Es geht also eigentlich nicht um den Ausschluss von Risiken - allenfalls um die Überwälzung von Risiken auf den Vertragspartner.

Risikomanagement

Sicherung der Projekte durch Erfassung und Bewertung möglichst aller Risiken sowie deren Bewältigung durch Maßnahmen zur Vermeidung, Versicherung, Milderung oder Abwälzung. Aufgabengebiet innerhalb des Projektmanagements zur Ausschaltung, Vermeidung oder Verringerung von Projektrisiken. Das Risikomanagement bedient sich der Risikoanalyse und -bewertung. In dieses Aufgabengebiet gehört auch das Fördern von Projektchancen, also positiver Entwicklungsmöglichkeiten.

Risikopotenzial (= Risikofaktor, Risikowert)

Bewertung eines Risikos nach Schadenshöhe und Eintrittswahrscheinlichkeit.

Schnittstelle

Technischer Fachbegriff, der eigentlich die Verbindungs- oder Nahtstelle zwischen Systemen oder Systemelementen meint. Der Schnitt wird gedanklich geführt, um die einzelnen zusammentreffenden Komponenten klar beschreiben, herstellen, steuern zu können.

Soll-Kosten der Ist-Leistung
(= Arbeitswert, Ist-Fertigstellungswert)
{vgl.} Soll-Kosten der erbrachten Arbeit (das, was die geleistete Arbeit hätte kosten dürfen) {vgl.} Arbeitswert, der bei Leistungsverzug von den Plankosten (= Sollkosten der Soll-Leistung) abweicht.

Soll-Kosten der Soll-Leistung
{vgl.} Soll-Kosten der bis zu einem Stichtag geplanten Arbeit. Bei planmäßigem Ablauf sind die Soll-Kosten der Ist-Leistung mit den Soll-Kosten der Soll-Leistung identisch. Die teilweise in Software verwendete Bezeichnung abgeschlossene Arbeit ist unglücklich, da es sich um erbrachte Arbeit an in der Regel nicht abgeschlossenen Vorgängen handelt.

Spezifikation
Detaillierte ({vgl.} operationale, technische) Beschreibung der geforderten Eigenschaften eines Erzeugnisses.

Sponsor
Jemand, der zu Werbezwecken Geld gibt (z.B. für einen Verein), Förderer. Im Unterschied dazu im amerikanischen Sprachgebrauch auch der Auftraggeber eines Projekts in Person.

Stakeholder
Juristische oder natürliche Person, die Interesse am Projekt hat, also am Erfolg oder Misserfolg des Projekts. Dieser aus den USA übernommene Begriff wird dort wieder ersetzt durch ›Interessierte Partei‹. Im Deutschen scheint sich neben Projektinteressent {vgl.} Projektbeteiligter wieder durchzusetzen.

Stakeholderanalyse
Systematische Erfassung der Interessenlage und der Eingriffsmöglichkeiten (= Macht) aller Stakeholder.

Standardnetzplan
Netzplan, der zwecks Verwendung für mehrere (gleichartige) Pro-

jekte ausgefertigt wurde.

Standard-PSP
Projektstrukturplan, der zwecks Verwendung für mehrere (gleichartige) Projekte ausgefertigt wurde.

Standards
Bezeichnung für zwei verschiedene, aber verwandte Begriffe:
1. Gesamtheit der für ein gewisses Tätigkeitsfeld (gewissermaßen von außen) gültigen Normen, Vorschriften, Richtlinien etc.
2. Gesamtheit der innerhalb eines gewissen Tätigkeitsfelds vereinbarten Arbeitsweisen, Dokumentvorlagen, Wertvorstellungen etc.

Stelle
In der Aufbauorganisation: der einer Person zugeordnete Aufgaben-, Zuständigkeits-, Kompetenzbereich. Im einfachsten Fall wird jeder Stelle genau eine {vgl.} Funktion zugeordnet, in der Praxis ist dies nur selten zu realisieren. Denn in kleinen Projekten wird jede Stelle mehrere Funktionen zu erfüllen haben, in Großprojekten können bestimmte Funktionen die Zuordnung mehrerer Stellen erfordern.

Stellenbeschreibung
Dokument der {vgl.} Aufbauorganisation, das eine {vgl.} Stelle in standardisierter Form beschreibt.

Steuergremium
Gremium aus bevollmächtigten Vertretern von {vgl.} Auftraggeber, Investor(en), Auftragnehmern, gegebenenfalls auch Behörden und Trägern öffentlicher Belange. Synonym: {vgl.} Lenkungsausschuss. In manchen Organisationen wird jedoch unterschieden: Steuergremium meint ein internes Gremium des {vgl.} Projektträgers, Lenkungsausschuss ein Gremium unter Einbeziehung externer Partner.

Steuerungsmaßnahme
Eingriff bei einer Abweichung vom Plan.

Strukturierung

Schaffung von Ordnungssystemen für Erzeugnisse, Prozesse, Einsatzmittel, Kosten usw. Im Mittelpunkt steht der Projektstrukturplan, der auch die Projektabgrenzung repräsentiert.

Teilaufgabe (= TA)

Gruppe inhaltlich zusammengehöriger {vgl.} Arbeitspakete im {vgl.} Projektstrukturplan. Teilaufgaben können in mehreren Ebenen definiert sein, wobei jede Teilaufgabe einer höheren Ebene eine Gruppe inhaltlich zusammengehöriger Teilaufgaben der nächst niedrigeren Ebene umfasst. Teil des Projekts, der im Projektstrukturplan weiter aufgegliedert werden kann.

Teilzeitmitarbeit

Typische Situation der {vgl.} Matrixorganisation, dass Mitglieder des {vgl.} Projektteams in ihrer (Linien-)Abteilung verbleiben, aber mit einem gewissen Anteil ihrer Arbeitszeit für das Projekt eingesetzt sind. Führt bei unklarer Regelung oft zu Komplikationen.

Terminmanagement

Erfassung der (technologischen) Bedingungen für den Projektablauf, Bestimmung von Terminvorgaben und Fristen einschließlich deren Optimierung und Überwachung.

Terminplanung

Erfassung der (technologischen) Bedingungen für den Projektablauf, Bestimmung von Terminvorgaben und Fristen einschließlich deren Optimierung. Oft wird auch die Überwachung der Termineinhaltung als zur Funktion Ablauf- und Terminplanung gehörig definiert.

Terminziele

Zeitpunkte, zu denen der Zielzustand des Projekts oder gewisse {vgl.} Meilensteine spätestens erreicht sein sollen.

ToDo

ToDo-Liste nun auch offizieller Fachbegriff für das Ergebnis von Projektteamsitzungen: Wer hat was bis wann zu erledigen?

Trägerorganisation

Oberbegriff für Unternehmen, Behörden, Vereine etc., soweit diese Projekte in Auftrag geben, finanzieren, Ziele vorgeben usw. ({vgl.} Projektträger).

Überlappung

Zeitweise gleichzeitige Durchführung von zwei oder mehr Vorgängen an einem Arbeitsabschnitt, zum Beispiel mittels {vgl.} Vorziehzeit. Überlappung kann ein effektiver Weg zur Verkürzung der {vgl.} Projektdauer sein. Überlappung zwischen verschiedenen Arbeitspaketen kann die Steuerbarkeit der Einzelprozesse gefährden.

Verfahren

Schrittweise definierte Vorgehensweise. Dieser Begriff wird in verschiedenen Bedeutungen benutzt: einmal als (primitivere) Vorstufe für {vgl.} Methode, oder aber als (komplexerer) Rahmen für einzelne {vgl.} Methoden.

Verfahrensanweisung

Oberbegriff für {vgl.} operationale Vorschriften (ISO 9001).

Vergleichsobjekt

Ein bereits realisiertes oder zumindest durchgeplantes Projekt, das nach Art oder Struktur dem aktuellen Projekt soweit ähnelt, dass daraus für das aktuelle Projekt Aufwandsschätzungen, Arbeitsweisen etc. abgeleitet werden können.

Verkürzung

In der Terminplanung oft erforderlicher Arbeitsschritt. Auch als Beschleunigung bezeichnet. Liegt die berechnete Projektdauer über der vorgegebenen beziehungsweise gewünschten, so kann sie beispielsweise durch folgende Maßnahmen verkürzt werden:

- Überlappung von kritischen Vorgängen
- Kürzung der Dauer kritischer Vorgänge
- Änderung der Ablaufstruktur

Versorgungsprozesse

Gesamtheit der vorbereitenden und unterstützenden Prozesse – insbesondere Bereitstellung von Material und Ausrüstungen, die für die {vgl.} Ausführungsprozesse notwendig sind.

Verteilerliste

Liste der Empfänger, an die ein bestimmtes {vgl.} Dokument verteilt werden soll. Traditionell wird der Verteiler ad hoc zum einzelnen Dokument festgelegt. In professionellen {vgl.} Informationssystemen wird zu jedem Dokumenttyp eine Verteilerliste zugeordnet.

Vertrag

Rechtsverbindliche Vereinbarung zwischen zwei oder mehr Vertragsparteien. Im Projektmanagement meist Werkverträge nach BGB §§631ff. Das {vgl.} Angebot ist ein Antrag im Sinne BGB §§145ff.

Vertragsabwicklung

Gesamtheit der nach Vertragsabschluss anfallenden Prozesse zur Erfüllung und gegebenenfalls Veränderung des Vertrags.

Vertragsanalyse

Detaillierte Prüfung eines vom Vertragspartner angebotenen Vertragstexts. Die Vertragsanalyse ist Grundlage für die Abstimmung zwischen den Vertragspartnern bei der Vertragsgestaltung (also vor Vertragsabschluss).

Vertragsgestaltung

Gesamtheit der bis zum Vertragsabschluss notwendigen Prozesse zur Abstimmung und Formulierung des Vertragstexts. Abstimmung kann sich auf technische Inhalte, rechtliche und wirtschaftliche Regelungen, Finanzierung und Budgetierung, Einbindung in Rahmenverträge u.a. beziehen.

Vertragsmanagement

Gestaltung, Analyse, Abschluss und Änderung von Verträgen unter Beachtung der Zusammenhänge zu Änderungs- und Nachforderungsmanagement und Überwachung der Vertragserfüllung.

Vertragsnetz

Gesamtheit der Vereinbarungen zwischen Projekt als Auftraggeber und Linie als Auftragnehmer über die für das Projekt zu erbringenden Leistungen.

Vorgang, Vorgänge

Grundbedeutung: inhaltlich definierter Teilprozess.
• Im Netzplan: Zeitlich in sich geschlossen ablaufender Teilprozess mit definiertem Anfangs- und Endzustand und konstantem Ressourceneinsatz. Es ist jedoch auch PC-Software gebräuchlich, die bei Bedarf zeitliche Unterbrechungen und veränderlichen Ressourceneinsatz zulässt.
• Im Workflow: Linearer Geschäftsprozess, der in gleicher oder ähnlicher Weise wiederholt ausgeführt wird und für dessen Abwicklung dauerhaft gültige Regelungen existieren.

Vorgangsdauer

Anzahl der Zeiteinheiten im Arbeitszeitkalender, die für die Ausführung eines Vorgangs benötigt werden.

Vorgehensziele (= Prozessziele, Ablaufziele)

Projektziele, die sich auf den Projektprozess beziehen (also nicht auf das Projekterzeugnis), so zum Beispiel Terminziele, Budgetziele, Teambildung. Gegensatz: Ergebnisziele.

Vorziehzeit

Verfeinerte Anordnungsbeziehung im Netzplan: Zeitspanne, um die ein bedingtes Ereignis (z.B. Anfang eines Vorgangs) vor das bedingende Ereignis (z.B. Ende des Vorgängers) vorgezogen werden kann. Wird ausgedrückt durch einen negativen {vgl.} Zeitabstand.

Wartezeit

Im Netzplan: vorgegebener positiver Zeitabstand zwischen einem bedingenden Ereignis (z.B. Ende des Vorgängers) und dem bedingten Ereignis (z.B. Anfang des betrachteten Vorgangs). Wartezeiten können technologisch bedingt sein oder zur Bereitstellung von Reservezeiten dienen.

Zeitabstand (= Z)

Zeitwert einer {vgl.} Anordnungsbeziehung. Er kann größer als, kleiner als oder gleich Null sein.

Zeitaufwand

Erforderliche beziehungsweise realisierte Dauer eines Vorgangs/ Prozesses in Zeiteinheiten (z.B. meist Arbeitstage, aber auch Monate, Stunden).

Zielalternativen

Unterschiedliche Ziele, die für ein und dasselbe Projekt in Betracht kommen. Die Auswahl der zu realisierenden Ziele sollte im Rahmen der {vgl.} Projektvorbereitung getroffen werden, denn sie kann über Erfolg oder Misserfolg des Projekts entscheiden.

Zieländerung

Veränderung der bestätigten Ziele - meist durch Kundenwunsch, aber auch durch Änderung der Gesetzeslage oder der Marktlage bedingt.

Zieldefinition

Erfassung aller für das Projekt relevanten Interessen und Ziele, deren Bewertung und Umsetzung in {vgl.} operationale Zielvorgaben sowie schließlich deren Festlegung und Überwachung.

Zielerreichungsgrad

Maßzahl für das (geplante oder tatsächliche) Erreichen der Ziele. In der Praxis wird der {vgl.} Fertigstellungsgrad ermittelt. Auch als Anteil der erreichten Ziele an der Gesamtzahl der Ziele angebbar, aber wegen der unterschiedlichen Gewichtung der Einzelziele wenig aussagefähig.

Zielfindung

Gesamtheit der Prozesse zur Auswahl und Konkretisierung der {vgl.} Projektziele. Hauptprozess ist dabei die {vgl.} Zieldefinition.

Zielsystem

Ganzheitliche, systematisch geordnete Zusammenstellung der Projektziele und deren Beziehungen untereinander.

Für ProjektManager

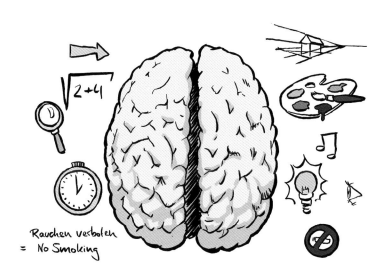

Hirnnahrung

Hirnnahrung für ProjektManager und jene, die es werden wollen

Themenkomplex Projektmanagement für Harteier

2.671 Seiten Projektmanagement in:
GPM Deutsche Gesellschaft für Projektmanagement/ Gessler, M. (Hrsg.): Kompetenzbasiertes Projektmanagement (PM3), Nürnberg, 2009

GPM (Hrsg.): NCB 3.0, Zertifizierungsguide

Ebel N.: Prince 2:2009 - für Projektmanagement mit Methode: Grundlagenwissen und Zertifizierungsvorbereitung für die Prince:2009-Foundation-Prüfung, München, 2011

Schulte T.: Projekte managen nach PMBOK Guide, Münster, 2009

IAPM International Association of Project Managers (Hrsg.): PM Guide 2.0,
Kostenloser Download unter *www.iapm.net*

... ähnlich martialisch und hart zu schlucken

Clavell J. (Hrsg.): Sun Zi – Die Kunst des Krieges, München, 1996

Caesar G. J. (Übersetzung Deissmann, M.): Der Gallische Krieg, Stuttgart, 2004

Machiavelli N. (Übersetzung Rehberg U. W.): Der Fürst, Hamburg, 2009

Musashi M. (Übersetzung Schaarschmidt S.): Fünf Ringe – Die Kunst des Samurai-Schwertweges, Hamburg, 2009

Clausewitz v. C.: Vom Kriege, Berlin, 1832

Durschmied E.: Der Hinge-Faktor. Wie Zufall und Dummheit Weltgeschichte schreiben, Köln, 1999

… Projektmanagement zum Anfassen und Begreifen

DeMarco T.: Spielräume, München, 2001

Schelle H.: Projekte zum Erfolg führen, 6. Aufl., München, 2009

Ottmann R., Schelle H.: Projektmanagement – Die besten Projekte, die erfolgreichsten Methoden, München, 2008

… Projektmanagement für Globetrotter

Hoffmann H.-E., Schoper Y.-G., Fitzsimons C. J.: Internationales Projektmanagement, München, 2004

Themenkomplex ProjektManager – Fast alles drin

Schelle H., Ottmann R., Pfeiffer A.: ProjektManager, 3. Aufl., Nürnberg, 2008

Themenkomplex Geschichte des Managements

Means H.: Money & Power – The History of Business, New York, 2001

Landes D. S.: Wohlstand und Armut der Nationen: Warum die einen reich und die anderen arm sind, Berlin, 1999

Themenkomplex Mensch und Team

DeMarco T.: Der Termin – Ein Roman über Projektmanagement, Leipzig, 1998

Rohr R., Ebert A.: Das Enneagramm – Die 9 Gesichter der Seele, München, 2001

Themenkomplex Selbstmanagement

Covey S. R.: The 7 Habits of Highly Effective People, New York, 2004

Buchner D.: Manager Coaching – Wie individuelle Ressourcen programmiert werden, Paderborn, 1993

Bitte beachten Sie als Projektleiter immer:
Wer lesen kann, ist klar im Vorteil.

Verlag Ottmann & Partner

www.ottmann.de
www.projektmanager.de

ISBN 978-3-941739-11-6